니체의 인생 강의

니체의 인생 강의

낙타, 사자, 어린아이로 사는 변신의 삶

이진우

Humanist

무엇을 위해 사는가

'왜 사는가? 삶의 의미는 무엇인가?' 바쁘고 정신없이 살다가도 문득 이런 질문에 맞닥뜨린 적이 있지 않나요? 이는 삶에 대한 우리의 '본능' 이 살아 있다는 증거죠. 우리는 삶을 합리적으로 계획하면 할수록 목표 에 그만큼 더 다가간다고 생각하고 노력하지만 인생이 늘 마음먹은 대 로 흘러가진 않습니다. 인생이 계획대로 안 된다는 실망감, 인생을 계 획할 수조차 없다는 무력감만이 우리를 허무하게 만드는 것은 아닙니 다. 계획대로 모든 것이 잘 풀린 성공적인 삶을 사는 사람에게도 어느 날 갑자기 짙은 실존의 허무감이 엄습합니다. "너의 삶은 가치가 없다! 너의 삶은 의미가 없다!" 마치 전혀 예견할 수 없는 순간에 우리를 찾아 오는 악령처럼, 우리의 본능은 이렇게 말합니다.

삶의 의미가 무엇인지 문득문득 묻는 것은 우리가 삶의 가치를 믿지 않기 때문일까요, 아니면 허무주의 시대에도 삶의 가치가 있어야 한다는 믿음 때문일까요? 니체만큼 이 물음을 철저하게 제기하고 사유한 사상가도 없습니다. 니체는 130여 년 전에 '신의 죽음'이라는 충격적인 소식을 전했습니다. 니체의 말대로 이 시대 최대 사건은 신은 죽었다는 사실, 믿어온 가치가 믿지 못할 것이 되었다는 사실이에요. 이로 인해 유럽에 처음으로 드리우기 시작한 허무주의의 그림자는 전 세계로 퍼져나갔습니다.

역설적이게도 신의 죽음을 선포한 니체는 가장 종교적인 철학자입니다. 그는 우리의 삶이 여전히 살 만한 가치가 있다고 믿으며, 삶에 의미를 부여하는 가치를 창조함으로써만 삶이 정당화될 수 있다고 생각합니다. 이제까지 믿어온 기독교적 가치가 타당성을 상실했다면, 이제 새로운 가치를 만들어야 한다는 거죠. 그는 현대 자본주의 사회에 만연한 허무주의를 극복할 수 있는 새로운 가치를 창조해야 한다고 말합니다.

그러기 위해서 우리는 삶을 있는 그대로 끌어안아야 합니다. 처절한 삶의 고통을 넘어서기 위해 삶을 긍정할 수 있는 가치를 찾아 여행을 떠났던 니체는 철저한 고행자이고 순례자입니다. 그의 이름은 이제 더이상 도전적이지도 매력적이지도 않을 수 있어요. '신의 죽음'을 이야기한 광기 어린 사상가로만 기억될 수도 있죠. 그러나 니체의 허무주의가 21세기에도 여전히 우리의 문제로 남아 있다면, 우리는 허무주의의 위험에 맞선 그의 열정과 모험에서 새로운 삶의 실마리를 찾을 수 있지 않을까요?

이 책은 자신의 삶을 조금이라도 가치 있게 만들려는 이들을 위한 책입니다. 우리의 시대가 신이 죽은 허무주의 시대라는 점을 인정하면서도 삶의 중심을 잡으려는 이들을 위한 책입니다. 다른 사람과 같이 시대의 흐름을 따라가면서도 시대를 거슬러 조금은 다르게 살고자 한다면 니체의 철학은 여전히 매력적이에요. 니체는 이렇게 말합니다. "한 철학자가 자기 자신에게 가장 먼저 그리고 마지막에도 요구하는 바는 무엇인가? 자기가 사는 시대를 자기 안에서 극복하며 시대를 초월하는 것이다. 그렇다면 그가 가장 격렬한 싸움을 벌이는 대상은 무엇인가? 그를 그 시대의 아들이게끔 만드는 것이다." 우리는 비록 허무주의 시대를 살아가지만 이 시대의 자식이 되고픈 생각은 없을 겁니다.

니체는 신이 죽은 시대를 말합니다. 삶의 목적과 방향을 잃어버린 시대를 철학적으로 고발합니다. 니체의 이름을 따라다니는 '신의 죽음', '권력에의 의지', '초인', '영원회귀' 같은 개념들은 모두 허무주의 시대를 살아가는 우리 삶의 민낯을 있는 그대로 보여줍니다. 우리는 이 개념을 따라가면서 21세기 신이 죽은 시대에 적합한 삶의 양식을 사유하고자 합니다. 신이 죽었음에도 우리를 삶으로 이끄는 가장 중요한 것은 가치 있고 유의미한 '삶의 양식'이 있다는 믿음이 아닐까요? 그러기에 이 책은 머리보다는 가슴에 호소합니다. 니체의 사상을 역사적, 철학적으로 설명하기보다는 삶과 연관하여 이야기하려는 까닭도 여기에 있습니다.

이 책은 '니체, 신이 죽은 시대를 말하다'라는 제목으로 2014년 방영되었던 EBS 〈인문학 특강〉을 토대로 하고 있습니다. 강연 현장의 호흡과 분위기를 전달하기 위해 가능하면 구어체를 사용했습니다. 본문에는 니체의 경구와 함께 뭉크의 그림을 수록했습니다. 뭉크는 니체에게 큰 영향을 받은 표현주의 화가로, 니체의 초상화를 그리기도 했죠. 삶과 죽음을 주제로 한 뭉크의 작품과 니체의 말을 함께 음미하며 인생의 문제를 천천히 고민해보기 바랍니다.

   이 책은 많은 사람에게 빚을 졌습니다. 난해한 니체 강연을 생동감 있는 이야기로 태어나도록 도와준 EBS 고희정 작가, 채널봄 송승숙 대표, 김주희 PD를 비롯한 방송 관계자 여러분에게 진심으로 감사드립니다. 그리고 이야기가 책의 모습을 갖추어 더 많은 독자에게 다가갈 수 있도록 노력해준 휴머니스트 편집부에도 고마운 마음을 전합니다. 이 작은 책이 자신의 삶과 진지하게 대면할 수 있는 소중한 기회가 되기를 진심으로 바랍니다.

2015년 어느 봄날
포항에서 이진우

| 차례 |

Friedrich

전복의 철학자, 니체는 누구인가

Nietzsche

니체는 왜 우리를 유혹하는가

철학은 보통 놀라움으로부터 시작한다고 이야기합니다. 자연의 아름다움에 놀라면 우주의 진리와 섭리를 탐구하는 자연철학이 발생하고, 우리가 살고 있는 이 세상의 수많은 불의와 갈등과 폭력에 놀라면 정의를 탐구하는 정치철학이 발생합니다. 그런데 오늘날 대부분의 현대인들은 어떤 것에도 별로 놀라지 않는 것 같습니다. 신이 죽었다고 해도 놀라지 않죠. 신이 죽었다고 누가 이야기했죠? 바로 프리드리히 니체(Friedrich Wilhelm Nietzsche, 1844~1900)입니다. '니체가 신이 죽었다고 이야기한 사실은 알지만 그것이 자신과 상관없다고 생각할 정도로 신의 죽음과 허무주의가 일상이 된 시대. 이런 시대에 니체는 과연 우리 삶에 어떤 말을 던져줄 것인가?' 이것이 니체와 함께 일곱 번의 고개를 넘어서 우리 삶을 성찰하는 여행의 핵심적인 이정표라고 생각합니다.

니체는 널리 알려져 있는 철학자지만, 많은 사람이 여전히 잘 읽지 않고 또 읽기 어려운 철학자이기도 합니다. 그런데도 니체라는 이름을 들으면 저는 여전히 가슴이 떨립니다. 니체는 도대체 우리를 어떻게 유혹하는 걸까, 니체의 매력은 도대체 어디에 있는 걸까 하고 곰곰이 생각해보니, 니체는 심리학의 대가였던 것 같습니다. 니체는 나쁜 남자의 심리학 전술을 가지고 있었던 게 아닌가 하는 생각이 들어요. 사람을 사귈 때 너무 모범생이면 별로 매력 없잖아요. 반면 약간 삐딱하고 어딘가 빠진 듯하고 그러면서도 매력이 있는 사람이 있어요. 니체는 살아 있을 때 이미 위험한 철학자, 백신이 없을 정도로 감염력이 뛰어난 지적인 병균이라는 이야기를 들었습니다. 그럼 니체가 뭐라고 했을까요? "그래, 나는 너희가 감당하기 힘든 병균일 수도 있어. 위험한 사상을 퍼뜨리고자 하는 의도를 가지고 있어."라고 이야기합니다.

몇 가지 예를 들어보겠습니다. 현대 정치철학을 정초한 니콜로 마키아벨리(Niccolò Machiavelli, 1469~1527)는 《군주론》으로 유명하죠. 다른 사람들이 전부 이성을 이야기할 때 마키아벨리는 권력을 이야기했습니다. "수단과 방법을 가리지 말고 너의 목적을 성취해라. 그러기 위해서는 여우와 사자의 얼굴을 모두 가져야 한다."라고요. 이렇게 위험한 내용이 담겨 있기에 마키아벨리의 책은 한때 금서였습니다. 그런데 니체는 마키아벨리보다 훨씬 더 나쁘고 악한 책을 쓰겠다고 말합니다. 보통 조금 덜 위험할지는 모르지만 많은 독자의 심금을 울릴 책을 쓰겠다고 이야기하는 게 저자의 바람인데, 니체는 거꾸로 갑니다.

또 이렇게 말합니다. "세상에는 진짜보다 우상이 더 많다. 이것이 이 세계에 대한 나의 '사악한 시선'이자 '사악한 귀'다. 여기서 한번 망치를

내 말을 믿어라.
실존의 가장 커다란 결실과 향락을 수확하기 위한 비결은
다음과 같은 것이기 때문이다.
위험하게 살아라!

《즐거운 학문》 중에서

들고서 의문을 제기해본다."[1] 아니, 망치 들고 철학 하는 사람 봤어요? 철학자들은 대부분 머리로 철학 한다고 그러는데, 니체는 망치를 들고 철학 하겠다고 이야기합니다. 중요한 비유죠. 기득권, 기존의 가치, 사람들이 이제까지 추구하고 당연하다고 여긴 것들을 모두 때려 부수겠다는 말입니다. 새로운 가치를 창조하겠다는 의도가 들어간 거죠.

니체는 또 이런 말도 합니다. "내 말을 믿어라. 실존의 가장 커다란 결실과 향락을 수확하기 위한 비결은 다음과 같은 것이기 때문이다. 위험하게 살아라!"[2] 한때는 자유를 갈구한 우리 현대인들이 아니었습니까? 그런데 요즘에는 자유보다 안전을 더 추구해요. 안전을 추구하는 곳에서는 지적 발전도 이루어지지 않습니다.

철학사를 살펴보면 니체 말고도 위험하게 산 사람이 또 한 명 있습니다. 바로 소크라테스(Socrates, 기원전 470?~기원전 399)입니다. 다음 그림은 자크 루이 다비드(Jacques-Louis David, 1748~1825)의 작품 〈소크라테스의 죽음〉인데요. 그림을 보면 소크라테스가 독배를 받고 있습니다. 침상에서 침울한 표정을 짓고 있는 사람은 플라톤(Platon, 기원전 428?~기원전 347?)이고, 자색 옷을 입고 앉아 있는 사람은 크리톤입니다. 두 사람은 침통한 표정이지만 차분한 모습인데, 나머지 사람들은 어쩔 줄 몰라 합니다. 악처로 유명한 소크라테스의 부인 크산티페는 마치 소크라테스가 죽건 말건 상관없다는 듯이 저 뒤에서 바라보고 있습니다.

이 그림의 중요한 포인트는 소크라테스의 두 손입니다. 화가가 의도한 것인지는 모르겠지만, 두 손의 위치는 대단히 상징적입니다. 소크라테스는 오른손으로 독배를 받고 있습니다. 오른손은 좌뇌가 관장한다고 합니다. 좌뇌는 이성적 판단을 담당하죠. '악법도 법이다.'라고 생각

〈소크라테스의 죽음〉, 자크 루이 다비드, 1787

하고 사형선고를 받아들인 것은 소크라테스의 이성적·합리적 판단입니다. 그런데 제자들은 헛된 죽음을 맞이하기보다는 다른 섬이나 도시국가로 가서 이상을 펼치는 것이 좋지 않겠냐고 강변하면서 소크라테스를 유혹했습니다. 소크라테스가 뭐라고 그럽니까? "아니다, 악법도 법이다. 내가 만약 간수에게 뇌물을 줘서 도망간다면 이제까지 추구했던 이상이 아무런 가치가 없는 것이 된다." 소크라테스는 어느 손으로 말하고 있습니까? 왼손으로. 그는 마치 '절대적 진리는 있다'고 말하려는 것처럼 왼손으로 하늘을 가리킵니다. 왼손은 우리의 직관과 감정을 다스리는 부분이죠. 또한 왼손은 평범하지 않은 것, 다르게 사유할 줄 아는 능력을 의미합니다. 왼손이 말을 합니다. '절대적 진리가 있다는 것은 알지만, 그 절대적 진리를 나는 가지고 있지 않다.' 그렇기 때문에 끊임없이 철학적 질문을 해야 된다는 거죠.

그런데 소크라테스에게 사형선고를 내린 아테네의 정치가들은 그에게 절대 '왜'라는 질문을 하지 말라고 이야기합니다. 소크라테스는 왜 사형선고를 받았습니까? 젊은이들에게 질문하라고 가르쳐줌으로써 기득권 세력에 도전이 되고 위험이 되었기 때문입니다. 그래서 아테네 법정은 젊은이의 영혼을 유혹한 죄로 소크라테스에게 사형선고를 내립니다.

형이상학을 정초한 사람은 소크라테스와 플라톤입니다. 절대적 진리는 있다고 말하죠. 기원전 5세기 그리스에서 이렇게 말하는 것은 대단히 위험한 일이었습니다. 소크라테스가 왼손을 치켜세워 말하는 것처럼 가슴으로는 진리가 있다고 믿지만 그것을 말로 표현하는 것은 어려웠습니다. 2000년이 지난 후, 서양 형이상학의 마지막 단계에 니체라는 철학자가 등장해서 젊은이들을 유혹합니다. "너희가 믿었던 진리는 진리가 아니라 가짜고 우상이다. 절대적 진리는 절대로 존재하지 않는다." 고대 그리스의 형이상학, 그리고 고대 그리스 형이상학에 토대를 두고 있는 기독교적 세계관은 절대적인 진리가 존재한다고 믿었는데, 니체는 그것이 인간이 살아나기 위해 만든 허구에 불과하다고 폭로합니다.

그렇기 때문에 실존주의 철학자 마르틴 하이데거(Martin Heidegger, 1889~1976)는 이렇게 이야기했습니다. "니체, 이 사상가의 이름은 그가 고민하고 사유하는 문제를 대변하는 제목이다."[3] 사상가 이름이 보통명사가 되었어요. 상징이 되고 기호가 되었어요. 어떤 사람이 진리를 말하면 그것이 정말 진리인지 질문을 던지고자 한 사람이 니체였어요.

니체라는 이름을 들으면 무엇이 떠오릅니까? 어떤 개념, 어떤 문제가 떠오릅니까?《차라투스트라는 이렇게 말했다》같은 책이나 '권력에의 의지' 같은 개념이 니체로부터 유래합니다. 그뿐만 아니라 허무주의 시대를 극복하고자 니체가 제시했던 새로운 사상적 지표인 '초인'이나 '영원회귀'도 있습니다. 이런 것들이 니체에게서 연상됩니다. "신은 죽었다. 허무주의 시대가 도래했다. 100년 뒤에 찾아올 무시무시한 손님을 내가 지금 말하노라. 그것은 다름 아닌 허무주의다." 그 외에도 니체에게는 우리를 유혹하는 수많은 상징과 기호가 널려 있습니다.

이 개념들을 정립한 사상가가 니체라는 사실을 아는 것은 별로 중요하지 않습니다. 이것들이 우리가 살아가는 데 어떤 역할을 하는지를 깨닫는 것이 중요합니다. 신의 죽음, 초인, 권력에의 의지, 영원회귀 등의 사상은 전부 니체의 관점에서 보면 한 가지 문제로 집중됩니다. 그것은 바로 삶의 문제입니다. 그래서 삶을 이해하기 위해서, 삶을 성찰하기 위해서, 바람직한 삶이 무엇인가를 알기 위해서 여러분과 함께 니체의 사상에 다가가는 모험의 길을 떠나고자 합니다.

삶이 사상이고 사상이 삶인 철학자

먼저 니체는 도대체 누구인지 알아보겠습니다. 니체는 왜 전복의 철학자가 되었을까요? 철학에는 두 가지 종류의 철학이 있는 것 같습니다. 하나는 머리로 하는 철학이고, 다른 하나는 가슴으로 하는 철학입니다. 머리로 하는 철학은 논리적으로 사유하고 합리적인 언어를 사용합니다. 이런 철학은 철학자의 삶을 알지 않고도 이해가 됩니다. 아리스토

텔레스, 데카르트, 칸트, 헤겔 같은 사람들이 대표적이에요. 예컨대 헤겔의 변증법을 이해하기 위해 헤겔의 삶을 알 필요가 없는 것이죠.

다른 한쪽에는 가슴으로 말하는 철학자들이 있습니다. 이들은 우리의 직관과 감성에 호소합니다. 기존의 가치관에 대해서 좀 삐딱한 시선을 던집니다. 이들의 사상을 이해하려면 우리는 그들의 삶을 들여다봐야 합니다. 예를 들면 플라톤, 마키아벨리, 홉스의 사상은 삶과 직결되어 있습니다. 마키아벨리의 삶과 그가 살았던 르네상스 시대를 이해하지 않고서는 그가 왜 《군주론》을 쓸 수밖에 없었는지 이해하지 못합니다. 그의 정치철학을 제대로 이해하려면 그의 삶을 알 필요가 있는 거죠.

그런데 다른 한편으로 삶이 사상이고 사상이 삶이었던 철학자들이 있습니다. 가장 대표적인 철학자가 프리드리히 니체입니다. 자신의 삶을 철저하게 사유하고 또 자신의 사상을 삶으로 표현하고자 한 철학자들에게 '삶'과 '사상'은 별개의 것이 될 수 없습니다. 니체는 스스로도 "나의 삶은 또 하나의 사상이다."라고 이야기했습니다. 왜 그럴까요?

1889년 1월 3일, 비바람이 몰아치는 이탈리아 토리노의 겨울날, 니체는 창문으로 카를로 알베르토 광장을 내다보고 있었습니다. 한 마부가 말을 때리고 있었어요. 이것을 본 니체는 맨발로 뛰어나가 말을 가로막고, 말에게 동정심을 느끼면서 광기의 발작을 일으킵니다. 이것이 니체가 정신적 암흑으로 떨어지게 되는 계기입니다. 기독교적인 도덕과 가치관을 전면으로 부정했던 니체가 인간이 아닌 짐승에게까지도 동정심을 느끼는 극적인 모습을 보여줍니다. 동정심을 신랄하게 비판했던 철학자가 동정심으로 허물어지는 이 반전의 장면은 무엇을 말하는 걸까요? 니체의 삶은 그 자체가 고통이었습니다. 그래서 저는 니체의 삶을 정말 진지하게 들여다봐야 그의 사상을 이해할 수 있다고 생각합니다.

1844년 10월 15일, 니체는 독일의 뢰켄이라는 조그만 마을에서 목사의 아들로 태어났습니다. 그가 천재 소리를 들으면서 바젤 대학교 고전문헌학과 교수가 된 때는 1869년이었죠. 이후 그의 삶은 10년 단위로 극적으로 전개됩니다. 1879년에 니체는 바젤 대학교 교수직을 그만두고 자유로운 작가이자 사상가로서 끊임없이 여행을 다니기 시작합니다. 10년간 방랑하는 자유사상가로 활동하는 거죠. 이 시기에 어마어마한 저작을 남깁니다. 1889년 1월 3일, 니체는 토리노에서 발작을 일으켜서 광기에 휘말리게 됩니다. 결국 정신병원에 입원해서 1900년에 죽을 때까지 정신적인 암흑기로 살아갑니다.

앞서 이야기했듯이, 니체는 교회에서 태어났습니다. 어린 시절 늘 아버지의 즉흥 피아노 연주와 성가대의 노랫소리, 교회 종소리에 둘러싸여 성장했습니다. 이렇게 기독교적인 분위기 속에서 성장했음에도 불구하고, 그는 나중에 《안티크리스트》라는 저작을 쓰고 '신은 죽었다'고 선포합니다.

니체가 다섯 살 되던 해인 1849년에 아버지가 서른여섯 살의 나이로 죽습니다. 이건 끔찍한 충격이었죠. 나중에 그는 아버지가 서른여섯 살 되던 해에 생명을 잃은 것처럼 자신도 서른여섯 살이 되고 나서부터 정신적으로 생동감을 잃게 되었다고 이야기합니다. 이것이 니체의 운명이었을까요? 그는 끊임없이 아버지를 찾습니다.

그다음 해에 동생마저 죽습니다. 니체 집안은 이사를 갑니다. 인근에 있는 나움부르크라는 도시로요. 아버지가 돌아가셨기 때문에 외가의 도움을 받고자 어머니, 누이동생, 이모 세 명, 외할머니와 함께 갔습니다. 이후 니체는 여섯 명의 여자에 둘러싸여 성장합니다. 이것이 니체에게 많은 영향을 줍니다. 나중에 모든 것은 영원히 되돌아온다는 영원회귀 사상을 슬퍼하면서 이런 말까지 합니다. "영원회귀 사상을 반대하는 근거는 나의 어머니와 누이동생이다." 어머니와 누이동생이 돌아오지 않았으면 좋겠다는 뜻이겠죠.

그러다가 1869년에 스물네 살의 나이로 스위스 바젤 대학교 고전문헌학과 교수가 됩니다. 니체는 정말 영재고 천재였어요. 지도 교수 프리드리히 리츨은 니체처럼 젊은 나이에 다양한 고전어와 고전문화를 이해하는 사람을 보지 못했다고 말했어요. 니체는 학위도 없이 대학교 교수가 된 겁니다. 이후 10년간 니체는 수많은 책을 썼죠.《비극의 탄생》,《인간적인 너무나 인간적인》,《반시대적 고찰》 같은 책을요. 그런데 니체는 이 시기에 심한 두통에 시달립니다. 끊임없는 두통 때문에 하루에 정신이 멀쩡한 시간이 별로 없어서 잠깐 동안 정신이 들었을 때 쓰기 시작한 글들이 결과적으로는 잠언이 된 겁니다. 글을 길게 쓸 수가 없었기 때문이죠.

1879년에는 바젤 대학교 교수직을 그만둡니다. 그리고 10년 동안 근무한 대가로 받기 시작한 연금을 가지고 여행을 다닙니다. 그러면서 니체는 새로운 장소들을 탐색합니다. 어느 장소가 건강에 좋을지, 어느 곳에 가면 자유롭게 사유를 하고 글을 쓸 수 있을지. 스위스 질스마리아의 니체 하우스에서 《차라투스트라는 이렇게 말했다》를 쓰고, 실파플라나 호숫가를 다니면서 차라투스트라와 영혼회귀 사상의 영감을 받습니다. 그래서 니체는 "네가 산보하면서 사유하지 않은 사상에 대해서는 의심을 품어라."라고 이야기합니다. 골방에서 턱을 괴고 생각하는 사상은 진정한 사상이 아니고 불현듯 찾아오는 사상만이 진정한 사상이라고 단언하며 끊임없이 자연과 소통을 합니다. 그러다가 토리노에서 1889년 1월 3일에 발작을 일으키게 된 겁니다.

니체는 1889년 발작을 일으키기 전부터 이미 몸이 아주 안 좋았어요. 제대로 생각할 수 없을 정도로 심한 두통을 매일 겪었어요. 위통도 심해 먹은 것은 전부 토해냅니다. 시력 또한 나빠져 책을 제대로 볼 수 없었어요. 니체같이 글을 쓰고 생각하는 사람에게 이것은 치명적이잖아요. 그런데도 발작을 일으키기 1년 전에 무려 여섯 권의 책을 씁니다. 모든 정신을 집중해서 글을 쓰고 난 다음에 1889년 발작을 일으킨 겁니다. 자기가 죽을 수 있다는 생각을 10년 동안 끌어안으면서 그 수많은 저작을 남긴 사람이 다름 아닌 프리드리히 니체입니다. 그렇기 때문에 니체에게는 삶이 곧 사상이고 사상이 곧 삶이라고 보는 거죠.

광기의 발작을 일으킨 이후, 니체는 어머니와 누이동생의 보살핌을 받으면서 10년 동안 암흑기에 살다가 바이마르에서 1900년에 영면합니다. 니체는 암흑의 나락으로 떨어지기 전에 이해할 수 없는 수많은 광기의 편지들을 썼어요. 메타 폰 살리스에게 보낸 광기의 쪽지편지를 한번 볼까요. "세계는 신성화되었습니다. 신이 이 지상에 존재하기 때문이죠. 온 하늘이 기뻐하는 것을 보지 못하시나요? 나도 나의 왕국을 차지해서, 교황을 감옥에 보내고 빌헬름, 비스마르크와 스퇴커를 총살시켰습니다." 재밌는 것은 마지막에 '십자가에 못 박혀 죽은 자'라고 서명이 되어 있습니다. 자신을 예수그리스도로 혼동하는 거죠. 또 다른 광기의 편지에는 니체가 추구했던 '디오니소스'라고 서명이 되어 있습니다. 나중에는 이런 광기의 쪽지들을 수없이 보냅니다. 한번 생각해보

세상에는 진짜보다 우상이 더 많다.
이것이 이 세계에 대한 나의 '사악한 시선'이자 '사악한 귀'다.
여기서 한번 망치를 들고서 의문을 제기해본다.

《우상의 황혼》 중에서

세요. 끊임없는 고통에 시달리고 죽음이 바로 눈앞에 와 있다는 것을 항상 의식하면서 철저하게 사유하는 사상은 어떤 성격일까? 그냥 논리적으로 일관성 있게 만들어가는 사상이 아니라 몸으로부터 나오는 사상을 전개한 사람이 바로 프리드리히 니체입니다.

어떤 니체를 원하는가

정말 훌륭한 철학자는 자기가 살고 있는 시대에 예리한 촉수를 드리워서 하나의 개념으로 포착할 수 있는 사람입니다. 이런 철학자만이 진정한 철학자입니다. 게오르크 빌헬름 프리드리히 헤겔(Georg Wilhelm Friedrich Hegel, 1770~1831)은 "철학이란 자기가 살고 있는 시대를 개념으로 포착하는 것이다."[4]라고 말했는데요. 이때부터 '시대정신(Zeitgeist)'이라는 개념이 유행하기 시작합니다. '유행'이 시대의 피상적 흐름이라고 한다면, '시대정신'은 어떤 시대가 그 시대이게끔 하는 핵심적 가치라고 할 수 있습니다. 르네상스 시대가 르네상스 시대로 불릴 수 있는 것, 계몽주의 시대가 계몽주의 시대라는 정체성을 가질 수 있는 이유가 바로 시대정신 때문입니다.

저는 니체가 19세기의 시대정신을 온몸으로 표현한 사상가라고 생각합니다. 19세기에는 정말로 대단한 철학자와 사상가가 많았습니다. 이들을 관통하는 핵심적인 문제는 무엇이었을까요? 니체는 이러한 시대적 조류를 '의심의 학파'라고 이야기합니다. "사람들은 내 책을 의심의 학파, 나아가서는 경멸의 학파, 그리고 다행스럽게도 용기의 학파, 즉 대담함을 가르치는 학파라고 불렀다."⁵ 자신이 모든 기득권 세력, 모든 가치관, 사람들이 신성시하고 믿어왔던 모든 것에 대해 반기를 드는 의심의 학파라는 말입니다. 나아가서 그것들을 우습게 보는 경멸의 학파, 즉 대담함을 가르치는 학파라고 자기 스스로를 부릅니다. 그리고 덧붙입니다. "일찍이 어느 누구도 악마의 적절한 변호인으로서뿐만 아니라, 신학적으로 말해서 신의 적이자 신을 소환하는 자로서 이렇게 깊은 의심을 품고 세상을 바라보았다고 실제로 나 스스로도 믿지 않는다."⁶ 스스로가 의심의 학파에 속한다고 계속 이야기합니다.

19세기에 널리 퍼졌던 흐름과 분위기가 바로 '의심'이었습니다. 19세기는 이제까지 절대적인 진리로 군림해온 모든 것에 커다란 물음표를 붙이는 의심의 시대였습니다. 대표적인 사상가 세 명을 들겠습니다. 1818년에 태어난 카를 마르크스(Karl Heinrich Marx, 1818~1883), 1856년에 태어난 지그문트 프로이트(Sigmund Freud, 1856~1939), 그리고 그 중간에 니체(1844~1900)가 자리 잡고 있습니다. 우리는 보통 이 세 명의 철학자를 의심의 학파라고 부릅니다.

마르크스는 무엇을 의심했을까요? 마르크스는 헤겔에게 정면으로 반기를 듭니다. 서양철학은 어떤 전제 조건으로부터 출발했는지 아십니까? '이성이 세계를 지배한다.' 서양의 형이상학은 이성, 정신, 영혼과 같은 비물질적 관점에서 세계를 파악하려는 세계관입니다. 세계가 설령 감성적이고 본능적이며 비이성적인 것으로 보일지라도 실질적으로는 이성이 지배한다는 겁니다. 마르크스가 뒤집어놓는 것은 바로 이와 같은 정신과 물질의 위계입니다. 그는 정신의 세계는 물질적 세계의 반영에 불과하다고 말하면서 이른바 역사적 유물론을 발전시킵니다. 인간 상호 간의 물질적 관계가 우선이라는 겁니다.

프로이트는 무엇을 의심했습니까? 우리는 모든 것을 의식적으로 판단하고 생각한다고 이야기하죠. 이러한 생각은 오랫동안 지속된 편견일 수 있습니다. 2002년에 노벨 경제학상을 수상한 심리학자 대니얼 카너먼에 의하면, 사실 우리는 아주 멋있는 남자나 아주 아름다운 여자를 볼 때 감성적으로 먼저 판단을 한답니다. 그다음에 머리가 그 판단을 정당화하는 거죠. 얼굴, 턱선, 각선미 등 좋아하는 이유를 나중에 머리로 찾아 이야기를 합니다. 물론 카너먼은 비합리적인 것처럼 보이는 우리 행위의 심리학적 토대를 해명하려고 노력했습니다. 분명한 것은 우리가 의식하지 못하는 부분이 의식하는 부분보다 훨씬 더 크다는 사실입니다. 실질적으로 세계를 지배하고 생명을 지배하는 것은 어쩌면 본능이고 충동이며 무의식일 수 있는데, 우리는 그것을 의식이라고 착각한다는 거죠. 이런 관점을 최초로 제시한 사상가는 두말할 나위 없이 프로이트입니다. 그는 의식보다는 무의식이 훨씬 중요하다고 말합니다.

이 흐름은 19세기부터 시작합니다. 문화사적으로 19세기는 1801년부터가 아니라 보통 1832년부터 시작한다고 합니다. 왜 그럴까요? 근대 유럽 사상에서 가장 중요한 역할을 담당한 헤겔이 1831년에 죽고, 독일의 대표적인 문호인 괴테가 1832년에 죽습니다. 헤겔이 죽은 후 사상가들은 혼돈에 빠집니다. 헤겔이 사상 체계를 너무 완벽하게 정립해 놨어요. 정치철학, 역사철학, 정신철학, 예술철학에 이르기까지 안 한 게 없을 정도예요. 그래서 헤겔이 죽은 다음부터 어떻게 철학을 할 것인가 고민하던 사람들을 보통 '청년 헤겔파'라고 이야기합니다. 여기에는 마르크스, 포이어바흐 같은 사람들이 들어가죠. 청년 헤겔파는 세상을 움직이는 게 무엇인지에 대해 관심을 가졌습니다. 이성, 정신, 영혼 같은 것보다는 직접적으로 우리 삶을 움직이는 게 무엇일까? 삶을 어떻게 실천할 수 있을까? 그래서 청년 헤겔파를 보통 실천학파라고 이야기합니다. 이것이 사실 19세기 사상의 핵심적인 흐름이었던 거죠.

이러한 철학적 성향은 마르크스, 프로이트, 니체의 대표적인 명제에서 잘 드러납니다. 마르크스는 유명한 말을 했죠. "철학자들은 세계를 단지 다르게만 해석했다. 이제 중요한 것은 세계를 변혁하는 것이다."[7] 어떤 철학자들은 세계를 이렇게 해석하고 어떤 철학자들은 저렇게 해석했는데, 이제 정말 중요한 것은 세계를 변화시키는 것이라고 했습니다. 우리 사회는 고대의 노예사회로부터 중세의 봉건사회를 거쳐 현대의 자본주의사회로 발전해왔습니다. 마르크스는 이 변화와 발전의 논리를 밝히려고 했습니다. 그가 망명 생활을 한 영국에서 자본주의의 민낯을 보고는 이 변화의 운동을 가속화하여 빨리 다음 사회로 넘어가고자 했습니다. 그는 세계의 급격한 변화를 혁명이라고 부르죠. 그러니까 마르크스는 이론보다는 실천에 방점을 찍었다고 보면 되겠습니다.

프로이트는 뭐라고 합니까? "너는 네가 이상적으로 너의 삶을 관장하고 주도하며 통제할 수 있다고 믿을지 모르지만, 실질적으로 너의 삶을 움직이는 것은 이성이 아니라 충동이고 본능이다. 그렇기 때문에 너의 충동과 본능의 목소리에 귀를 기울여라." 이렇게 이야기를 합니다. 그래서 프로이트의 대표적 명제는 이렇습니다. "우리는 우리 자신의 집의 주인이 아니다."[8] 이 말은 의식은, 이성은 우리 자신의 주인이 아니라는 말입니다. 우리 안에는 우리가 예측할 수도 없고 통제할 수도 없는 수많은 감정, 충동, 본능이 움직이고 있다는 거예요. 이렇게 의식의 세계에 반기를 든 프로이트는 무의식의 새로운 세계를 발견합니다.

의심할 때 비로소 새로운 세계가 열립니다. 기존의 세계와 가치에 대한 무조건적 믿음은 낯선 것, 이질적인 것, 다른 것을 배척합니다. 이러한 인식으로부터 의심의 학파가 태어난 거죠. 프리드리히 니체는 의심의 학파의 적극적인 대변인입니다. 그는 이렇게 말합니다. "살아 있는 것을 발견할 때마다 나는 권력에의 의지도 함께 발견했다."[9] 삶이 있는 곳에서는 자기를 인식하고 자기를 확장하며 자기를 표현하고자 하는 근본적인 충동 같은 것이 있는데, 이 충동을 어떻게 표현할 도리가 없으니 니체는 세계를 바라보는 자신의 관점으로 '권력에의 의지'라고 이야기하는 거죠. 그래서 권력에의 의지는 니체가 세계를 바라보는 시선, 그 사악한 시선과 관련이 있습니다. 진짜보다는 가짜가 많고 진리보다는 우상이 많다고 이야기할 때 그 우상과 허구를 만들어내는 것은 다름 아닌 권력에의 의지입니다.

많은 사람이 여전히 진리에의 의지를 믿고 있는데, 그것이 권력에의 의지의 산물이라고 폭로하는 니체는 어떤 평가를 받을까요? 니체는 자신의 운명을 알았던 것 같습니다. "나는 내 운명을 안다. 언젠가는 내 이름에 어떤 엄청난 것에 대한 회상이 접목될 것이다. 지상에서의 전대미문의 위기에 대한, 양심의 비할 바 없이 깊은 충돌에 대한, 지금까지 믿어져왔고 요구되었으며 신성시되었던 모든 것에 대한 거역을 불러일으키는 결단에 관한 회상이. 나는 인간이 아니다. 나는 다이너마이트다."[10] 니체의 이름을 들으면 떠오르는 게 있을 거란 말입니다.

여러분은 어떤 니체를 원하십니까? 신이 죽었다고 말하는 니체를 원하십니까? 허무주의 시대를 극복하고 진정한 삶을 살려면 자신의 운명

나는 내 운명을 안다.
언젠가는 내 이름에 어떤 엄청난 것에 대한 회상이 접목될 것이다.
나는 인간이 아니다. 나는 다이너마이트다.

《이 사람을 보라》 중에서

을 사랑하라고 말하며, '아모르 파티(amor fati)'라고 외치는 니체를 원하십니까? 이 세계에 태어나서 주도적으로 활동하는 모든 것이 다름 아닌 권력에의 의지로 환원이 되고, 모든 것이 권력에의 의지로 초점이 맞추어진다고 역설하는 니체를 원하십니까? 인간은 극복되어야 할 존재라고 이야기하며 초인 사상을 설파하는 니체를 원하십니까? 아니면 "네가 원하든 원하지 않든 네가 둘러보는 모든 사물은 너와 함께 반드시 영원히 돌아올 것이다. 따라서 너의 운명에 감히 맞서려고 하지 말라."라고 이야기하며 영원회귀 사상을 말하는 니체를 원하십니까?

니체라는 이름이 불러일으키는 문제들은 다양하기 그지없습니다. 여기에 니체의 매력이 있는 것 같습니다. 니체는 말했습니다. "모든 심오한 사상은 모두 가면을 쓰고 있다. 모든 철학적 개념은 또 다른 하나의 가면을 쓰고 있다." 누군가 '아, 이것이 니체야.'라고 확인하는 순간 니체는 가면을 바꿔 씁니다. 어떤 특정한 사상에 끌려서 그것이 니체라고 생각하는 순간, 그는 한 걸음 물러서서 자신이 아니라고 이야기합니다.

니체는 이야기합니다. "나는 다이너마이트다." 이제까지의 가치관을 뒤집어엎고, 다른 관점에서 보고, 파괴하는 것만이 아니라 동시에 새로운 가치와 세계관을 정초하고 정립하고자 치열하게 몸부림쳤던 사상가. 그가 바로 다름 아닌 프리드리히 니체입니다. 따라서 삶을 진지한 눈으로 바라보고 이제까지 당연하다고 믿었던 가치관, 신성시했던 세계관에 커다란 물음표를 붙인다면 그 사람은 니체주의자입니다. 니체는 21세기 허무주의가 일상화된 세속화 시대에도 끊임없이 다시 한 번 질문하라고 우리를 유혹합니다. 삶을 사랑하고, 자신의 운명을 진지하게 받아들인다면 니체는 우리에게 좋은 이정표가 될 수 있습니다.

Friedrich

2강

신의 죽음, 허무주의를 끌어안다

Nietzsche

니체의 가장 위험한 말, 신의 죽음

니체가 위험하다고 여겨지는 이유는 무엇일까요? 역설적으로 들릴지 모르지만 그가 '정직'하기 때문입니다. 정직하다는 것은 아무것도 감추지 않는다는 것을 말합니다. 모든 것을 적나라하게, 설령 그것이 수치스럽고 떳떳하지 못한 것이라 할지라도 있는 그대로 폭로하는 것이 정직입니다. 우리가 감히 입에 올리지 못하는, 그렇지만 곰곰이 생각해보고 끝까지 밀고 가다 보면 누구나 수긍할 수 있는 진리를 말하기 때문에 니체는 위험한 사상가가 아닌가 싶습니다. 니체의 위험한 말들 중에서 가장 대표적인 것이 '신의 죽음'입니다. 니체가 신은 죽었다고 말한지 130여 년이 지난 지금, 신의 죽음은 우리에게 무엇을 생각하게 만드는지 살펴보는 사유의 여행을 떠나려고 합니다.

　오늘날 우리는 신이 죽었다고 이야기해도 별로 놀라지 않는 것 같습니다. 심지어 이를 빗댄 농담도 있죠. 니체가 "신은 죽었다."라고 하자 "니체가 죽었다."라고 신이 말했다는 농담이죠. 저는 이 농담에 숨은 의미가 있다고 생각합니다. 신은 죽었다는 말이 우리에게 더 이상 충격적이지 않다는 느낌이에요. 신의 죽음이 충격적이라면 "신이 죽었어? 어떤 신이?" 이렇게 물을 수도 있고, "신이 죽었다면 그것이 우리에게 도대체 어떤 의미가 있는 거야?" 이렇게 반문할 수도 있을 겁니다.

오늘날 신이 죽었다는 것은 과연 어떤 의미일까요? 21세기는 종교적인 관점에서 세속화 시대입니다. 21세기를 움직이는 핵심 동력은 세속적인 가치라는 거죠. '잘 산다'고 이야기하면 대부분 영적인 가치를 추구하며 산다고 생각하기보다는 물질적으로 부유하게 산다는 의미를 떠올릴 겁니다. 이는 21세기의 현대인들이 가지고 있는 공통적인 마음이라는 생각이 들어요. 그래서 세속화 시대의 신이 무엇을 의미하는지를 먼저 살펴보고자 합니다. 그다음으로 니체가 어떤 관점에서 신이 죽었다고 이야기하는지, 왜 광인의 입을 빌려 신은 죽었다고 이야기하는지 살펴보겠습니다. 마지막으로, 그렇다면 우리는 신이 죽은 시대를 어떻게 살아갈 것인지, 이 시대에 어떻게 대처할 것인지 살펴보겠습니다.

니체는 1887년에 이렇게 말했습니다. "내가 여기서 말하는 것은 다음 두 세기의 역사다. 나는 다가오고 있으며, 더 이상 다르게 올 수 없는 것을 기술한다. 허무주의의 도래."[1] 우리는 여기서 두 가지를 분명하게 확인할 수 있습니다. 하나는 니체의 허무주의 예견이고, 다른 하나는 허무주의의 필연성입니다. 허무주의는 우리가 어쩔 수 없이 겪을 수밖에 없는 시대적 운명과도 같지만, 당시 사람들은 확실하게 인식하지 못하고 있었던 거죠. 허무주의는 니체가 살았던 시대에도 분명 문제였지만 당시 모든 사람이 이를 느끼거나 이해하지는 못했습니다. 그래서 니체는 허무주의를 이해하게 될 날은 자신이 죽고 난 다음 두 세기 동안에 올 거라고 했습니다. 그 시대는 신의 죽음을 모든 사람이 자연스럽게 받아들이는 시대, 바로 세속화 시대라고 이야기합니다.

그런데 허무주의는 그렇게 간단한 문제가 아니에요. 추구해야 할 목적도 없고 가치도 없다면 우리는 도대체 어떻게 살아야 할까요? 나이 드신 분들이 많이 입에 올리는 말 중 하나가 이겁니다. "살 낙이 없어." 하루하루를 살아도 새로운 즐거움이 없는 거예요. 그래서 니체는 "허무주의는, 너희가 믿는 것이 사실은 아무것도 아니라는 것을 익히 알고 있는 이런 세속화 시대의 허무주의는 우리에게 다가올 무시무시한 손님 중 하나일 것이다."라고 이야기합니다. 그래서 허무주의는 그냥 하나의 단어 또는 유행하는 개념이 아니라, 우리가 적극적으로 대처할 수밖에 없는 실존적인 물음이라는 생각이 들어요.

니체는 130여 년 전에 허무주의 이야기를 꺼냈습니다. 그가 그렇게 이야기했을 때 귀를 기울인 사람이 별로 없었어요. 그런데 오늘날 이 말은 보편화되었습니다. 어제 믿었던 가치가 오늘 더 이상 타당하지 않은 것처럼 오늘의 가치가 내일까지 이어지지 않을 것이라는 사실을 누구나 다 알고 있어요. '신의 죽음'을 이야기한 사상가가 니체라는 것을 다 알고 있는 것처럼 '신이 죽었다'는 것은 이미 사실이 되어버린 것 같아요. 하나의 상식이 되어버린 거예요. 그렇기 때문에 신의 죽음의 의미를 곰곰이 생각하지는 않습니다.

니체는 기독교적 전통 속에서 신의 죽음을 이야기했습니다. 기독교계가 발칵 뒤집어졌어요. 아주 적극적으로 대처하려고 했죠. 하지만 오

그대들은 밝은 대낮에 등불을 켜고 시장을 달려가며 끊임없이
'나는 신을 찾고 있노라!', '나는 신을 찾고 있노라!'라고 외치는
광인에 대해 들어본 일이 있는가?

《즐거운 학문》중에서

늘날 많은 신학자는 "신의 죽음은 기독교 이후의 사건이지 결코 반기독
교적인 사건이 아니다. 역사가 흘러가면 흘러갈수록 세속화는 어쩔 수
없이 일어난다."라고 이야기합니다. 어떤 신학자는 "무신론자이든 유신
론자이든 관계없이 세속화는 우리가 살고 있는 이 시대의 상징이다."라
고 말합니다. 따라서 신의 죽음을 적극적으로 이해하려면 먼저 우리가
살고 있는 이 시대가 세속화 시대라는 점을 생각해볼 필요가 있습니다.

세속화는 우리의 중심 가치가 신과 같은 초월적·영적 가치에서 물질
적 가치로 넘어가는 것을 의미합니다. 즉, 종교적 가치가 아니라 물질
적 가치가 중시되는 시대가 바로 세속화 시대입니다. 저도 종종 이런
질문을 받습니다. 왜 철학을 하게 되었습니까? 이 질문에 이런 대답을
했다고 상상해보기 바랍니다. "어느 날 캠퍼스에서 어떤 교수를 봤는
데, 멋진 포르쉐에서 내려 걸어오더군요. 그분은 철학 교수였습니다. 저
는 철학을 하면 포르쉐를 타는 줄 알았어요." 이렇게 대답하면 어떨까
요? 제가 물질 만능주의라는 세상의 일반적인 풍속을 따르는 사람으로
평가될 것입니다. 사람들은 돈을 위해 철학을 한다며 손가락질하고, 저
를 세속적 인간으로 볼 겁니다.

그렇지만 우리 모두 잘 알고 있습니다. 오늘날 세속적 가치가 상당
히 중시된다는 사실을요. 세속화 시대를 상징적으로 보여주는 영화 제
목이 바로 '악마는 프라다를 입는다'입니다. 여기에서 프라다가 중요하
지 천사인지 악마인지는 별로 중요하지 않아요. "악마면 어때? 프라다
입으면 폼 나잖아." 이렇게 이야기하는 거잖아요. 21세기에 들어오면서
전통사회와 달리 소비가 생산보다 중요해졌습니다. 내가 어떤 것을 소
비하느냐가 중요하다는 거죠. 세계가 바뀌었습니다. 그래서 니체의 영

향을 받은 프랑스 철학자 장 보드리야르(Jean Baudrillard, 1929~2007)는 이렇게 이야기합니다. "소비는 더 이상 사물의 기능적 사용 및 소유가 아니다. (중략) 소비는 커뮤니케이션 및 교환의 체계로서 끊임없이 보내고 받아들이고 재생되는 기호의 코드다."² 우리는 어떤 물품을 사용하는 것이 아니라 의미를 소비하는 것입니다. 이런 소비사회에서는 사람들의 정체성이 그들이 추구하는 가치로 결정되지 않습니다. 그들이 소비하고 낭비하는 물품의 기호로 결정된다고 해도 과언이 아닙니다. "당신이 버리는 것이 무엇인지를 말해봐요. 그러면 나는 당신이 어떤 사람인지 말해주겠습니다." 보드리야르의 이 말은 우리가 살고 있는 소비사회의 허무주의적 성격을 잘 말해줍니다.

과거에 종교가 모든 사람의 영혼을 움직이고 그들을 결집하는 역할을 담당했다면, 오늘날 어떤 종교 행사도 수십만 명이 모이는 록 페스티벌만큼 많은 사람을 모으지는 못할 겁니다. 보통 신적 가치, 초월적 가치는 개인적 가치를 넘어서는 것을 의미합니다. 이걸 숭고한 것, 고상한 것이라고 했는데요. 이런 것들이 오늘날에는 스펙터클한 것으로 표현됩니다. 우리가 스펙터클한 것들에 끌린다는 거죠. 그래서 오늘날 사람들을 끌어들이는 것은 가치보다는 이미지라고 볼 수 있습니다.

그뿐만이 아닙니다. 예전에는 "너 자신을 돌아보라. 너 자신을 알라."라고 하면서 우리가 고민하고 사유하면 진정한 자아를 찾는다고 했어요. 그렇게 2000년 동안 서양 형이상학은 자아 탐구를 위해 철학을 해왔습니다. 그런데 이것이 뒤집힙니다. 진정한 자아를 찾기 위해 열심히 찾아봤는데 없는 거예요. 자아라는 것이 알고 보면 자신이 만들어낸 허구에 불과하지, 실재가 아니라는 거예요. 실체로서의 자아는 존재하지 않는다는 것이죠. '자아 탐구에 너무 몰두하지 말고, 오히려 자아를 망각해버리고 지금 하고 있는 활동에 집중하면 자신도 모르게 자아를 만들어내고 발견할 것이다.' 이것이 니체의 관점입니다. 미국 철학자 리처드 로티(Richard Rorty, 1931~2007) 또한 사람의 자기 인식 과정은 새로운 언어를 발명하는 과정과 똑같다고 이야기했습니다. 이미지를 만들어낸다는 말이죠. 이렇듯 우리는 생산보다 소비에 우위를 두고, 신적·초월적 가치보다 바깥으로 드러나는 이미지에 열광하고, 자아를 찾기보다는 끊임없이 자신의 이미지를 창조하는 시대에 살고 있습니다.

사회학의 아버지 막스 베버(Max Weber, 1864~1920)는 역사적 과정이 진행되면 될수록 세속화는 필연적으로 나타날 수밖에 없다고 이야기합니다. 세상에 더 이상 비밀스럽고 예측할 수 없는 힘이 존재하지 않는다는 것을 사람들이 인식하기 때문입니다. 제가 어렸을 때만 하더라도 농촌에 서낭당이 있었습니다. 그 앞을 지나가면 괜히 소름이 돋고 무엇인가 알 수 없는 힘이 저를 압도하는 것 같았어요. 요즘은 그런 경험을 하지 않습니다. 서낭당이 없어졌을 뿐만 아니라, 사람들이 알 수 없는 힘 같은 것은 존재하지 않는다고 인식하고 있는 거예요. 그래서 베버는 현대화 과정을 더 이상 신의 힘이나 마법이 존재하지 않는, '탈마법화 과정'이라고 이야기합니다. 이렇게 본다면 신의 죽음은 니체가 말하지 않았더라도, 서양 사회 발전의 필연적 결과로서 보편화될 수밖에 없는 과정이라고 이야기할 수 있습니다.

니체가 19세기에 '신의 죽음'을 말했을 때 이것은 사람들에게 커다란 충격이었습니다. 그렇지만 이러한 충격이 어디에서 오는지를 생각해보면 니체가 말한 허무주의의 필연성이 조금 쉽게 이해가 됩니다. 전혀 예측하지 못한 것이 발생했을 때도 충격을 받지만, 막연히 예감은 하고 있지만 그 정체가 분명하지 않았던 것이 실체가 드러날 때 충격을 받기도 합니다. 니체의 말이 충격적이었던 것은 후자의 경우라고 생각해요. 사람들은 신의 죽음을 이미 예감하고 있었어요. 이미 17~18세기에 자연과학과 기술이 발전했잖아요. 뉴턴이 운동 법칙을 발견했고, 기차 등 수많은 신기술이 인간의 삶을 지배하기 시작했습니다. 그때부터 사람들은 삶의 의미와 가치에 대한 질문을 별로 던지지 않고 어떻게 하면 부자가 될 수 있을지, 어떻게 하면 잘 살 수 있을지에 대해 더 많이 묻기 시작했습니다.

이런 상황에서 획기적인 사건이 일어납니다. 니체와 동시대에 살았고, 우리가 살고 있는 21세기에도 여전히 커다란 영향을 미치고 있는 자연과학자가 있죠. 바로 찰스 다윈(Charles Robert Darwin, 1809~1882)입니다. 다윈은《종의 기원》에서 인간은 창조된 것이 아니라 진화의 과정에서 생겨났다고 이야기합니다. 그리고 누가 살아남아 발전할 수 있을 것인지를 결정하는 것은 바로 자연이라는 '자연선택론'을 제시합니다. 기독교적 가치관을 가지고 기독교적 섭리를 믿어왔던 사람들에게 이보다 더 끔찍한 이야기가 어디 있겠습니까. 인간이 유인원, 원숭이로부터 진화할 수 있다는 말의 충격은 엄청났습니다. 그러니까 니체가 선포하기 이전에 이미 사람들은 과학과 기술의 발전으로 '신의 죽음'을 예감하고 있었던 거죠. 니체는 이러한 모든 문화적 현상과 징후를 한마디로 포착했을 뿐입니다. 당시 보편화되어 있던, 모든 사람이 막연하게 느끼고 있던 인식을 하나의 명제로 정리했던 것입니다. '신은 죽었다.'

신은 죽었습니다. 니체는 소문으로만 떠돌던 '신의 죽음'을 확인하는 것으로 그치지 않습니다. 그는 여기서 다시 한 번 반전의 질문을 던집니다. '누가 신을 죽였는가?' 재밌는 표현이에요. 신이 죽었으면 둘 중에 하나일 겁니다. 자살이든가 타살이든가. 그런데 신은 전지전능합니다. 신이 자살했다는 것은 명제적인 모순이에요. 타살일 수밖에 없습니다. 여기에서 우리는 니체가 2000년 동안 지속되어온 서양 형이상학의 마지막 단계에서 형이상학의 전제 조건인 '신'의 죽음을 거론하고 있다는 사실에 주목할 필요가 있습니다. 니체 이전에도 헤겔이 신의 죽음을 이야기합니다. "새로운 시대의 종교의 토대가 되는 것은 신 자체가 죽었다는 감정이다."[3] 이렇게 이야기한 사람이 바로 서양 형이상학을 완성한 헤겔입니다. 독일 관념론의 상징인 헤겔도 막연하게 신의 죽음을 느끼고 있었습니다. 이것을 니체가 아주 극적으로 연출한 겁니다.

《즐거운 학문》잠언 125에서 니체는 미친 사람의 입을 빌려 이렇게 이야기합니다. "그대들은 밝은 대낮에 등불을 켜고 시장을 달려가며 끊임없이 '나는 신을 찾고 있노라!', '나는 신을 찾고 있노라!'라고 외치는 광인에 대해 들어본 일이 있는가? 그곳에는 신을 믿지 않는 많은 사람이 모여 있었기 때문에 그는 큰 웃음거리가 되었다. (중략) '신이 어디로 갔느냐고?' 너희에게 그것을 말해주겠노라!"[4] 미친 사람이 이렇게 찾는데 시장에 모인 사람들은 신을 믿지 않아요. 여기서 시장에 주목하기 바랍니다. 이 일이 벌어지는 장소는 바로 시장입니다. 시장은 어떤 일이 이루어지는 곳이죠? 자신의 이익을 위해 상품을 사고파는 곳입니다.

시장에 신이 있을 리가 없죠.

니체가 이어서 말합니다. "우리가 신을 죽였다. 너희와 내가! 우리 모두가 신을 죽인 살인자다! 하지만 어떻게 우리가 이런 일을 저질렀을까? 어떻게 우리가 대양을 마셔 말라버리게 할 수 있었을까? 누가 우리에게 지평선 전체를 지워버릴 수 있는 지우개를 주었을까? 지구를 태양으로부터 풀어놓았을 때 우리는 무슨 짓을 한 것일까?"[5] 신은 우리가 죽였다는 겁니다. 그럼 누가 신을 만들었을까요? 신을 만든 사람 또한 우리입니다. 이 세계를 해석하기 위해 우리가 신을 만들었는데, 재미있는 결과가 나왔어요. 인간은 스스로 설정한 절대적 가치를 더 이상 믿지 않게 되었습니다.

니체는 대양, 지평선, 태양 등 세 가지 비유를 들어 신을 설명했습니다. 먼저 태양은 모든 생명의 근원입니다. 지구에 우리와 같이 아름다운 생명체가 존재할 수 있는 것은 태양이 있기 때문이에요. 태양이 없다면 이 지구상의 어떤 생명체도 존재하지 않습니다. 태양은 또한 햇빛을 비춥니다. 우리는 빛이 있어야 사물을 인식할 수 있어요. 그렇기 때문에 플라톤은 서양 형이상학이 발생하는 기원전 5세기경에 최고의 이데아, 최고의 선을 태양에 비유합니다. 플라톤의 《국가》를 보면 태양의 비유가 아주 자세하게 서술되어 있죠.

두 번째 비유는 지평선입니다. 너무 환한 대낮에는 사물이 분명하게 보이지 않아요. 명확하게 인식되지 않습니다. 지평선은 사물을 사물로 보이게 하는 조건을 의미합니다. 지평선이 사라져버리면 사물을 제대로 볼 수가 없어요. 어떤 사람이 새로운 사상과 가치관을 제시했을 때, 우리의 지평을 넓혀주었다고도 하죠. 지평을 모르는 동물들이 있습니

우리가 신을 죽였다. 너희와 내가!
우리 모두가 신을 죽인 살인자다!
하지만 어떻게 우리가 이런 일을 저질렀을까?

《즐거운 학문》 중에서

다. 우물 안 개구리는 지평을 모르고 하늘밖에 보지 못합니다. 그래서 우물 안 개구리는 사물, 세상을 제대로 파악하지 못하는 겁니다. 세상 돌아가는 일을 제대로 인식할 수 있으려면 지평을 가져야 합니다. 지평을 넓힐 줄 알아야 하는 거죠.

마지막으로 대양은 끊임없이 펼쳐져 있는 바다죠. 대양은 영원과 무한성을 상징합니다. 이제까지 신으로 상정되었던 최고의 가치는 영원하고 무한한 것이었어요. 대양은 또한 위험과 모험의 대상이기도 합니다. 탄생과 죽음 사이에 걸쳐진 매우 짧은 시간을 살다가 가는 유한한 인간에게 영원과 무한은 매우 유혹적이고 동시에 위험한 것입니다. 신이 그런 존재입니다.

태양이 지구로부터 멀어지고, 지평이 지워지고, 바다가 메말라버린다는 것은 이제까지 믿어왔던 최고의 가치가 아무것도 아님을 알게 되었다는 뜻입니다. 우리의 근원이 사라져버린 거예요. 이런 상황에서 인간은 허무주의에 빠집니다. 도대체 뭘 믿고 살아야 하는지 알지 못합니다. 내가 믿었던 사람, 내가 믿었던 가치 들이 어느 날 나를 인정해주지 않는다는 사실을 알게 될 때 어마어마한 배신감을 느끼게 됩니다.

니체에게 큰 영향을 받은 실존주의 철학자 하이데거는 이렇게 이야기합니다. "니체가 신이 죽었다고 이야기한 것은, 현실적인 것을 현실적인 것으로 인식할 수 있게 만들었던 모든 형이상학적 근거가 더 이상 타당하지 않다는 것을 말해줄 뿐이다." 그러므로 신이 죽었다는 말은 우리 삶의 모든 근거가 발밑에서 사라져버리고, 우리가 의지하고 믿었던 중심이 없어져버리고, 우리가 사물을 인식할 수 있게 해준 지평선이 사라져버렸다는 의미입니다. 기존의 가치가 더 이상 가치가 아닌 거예요. 따라서 신의 죽음은 허무주의를 가져옵니다. 더 이상 아무것도 믿을 것이 없기 때문입니다. 이제까지 가치라고 믿었던 것이 더 이상 가치가 아니기 때문입니다. 우리가 고귀하다고 숭배했던 가치가 전도된 거죠. 뒤집어진 거예요.

자, 그러면 허무주의를 우리가 어떻게 받아들일 수 있을까? 허무주의를 우리가 어떻게 수용할 수 있을까? 이것이 니체가 '신의 죽음'이라는 도발적인 명제로 의도한 본래 목적입니다. 니체는 우리가 믿었던 가치가 더 이상 가치가 아닌 21세기 허무주의 시대를 어떻게 살아갈지를 강조하고 싶었습니다. 많은 사람이 그렇게 느낄 겁니다. 21세기는 모든 것이 너무나 빠르게 변화하는 속도의 시대이기 때문에 정말 믿을 게 별로 없어요. 이미지를 따라갈 수도 있지만, 이미지는 허상이고 순식간에 변해버립니다. 그렇다면 우리는 도대체 이 삶을 어떻게 살란 말인가? 니체는 이 질문에 답을 내놓습니다.

신이 죽고, 삶의 주인이 되다

허무주의가 무엇이냐고 질문을 던지면, 니체는 이렇게 대답합니다. 목표가 결여되어 있다면 그것이 허무주의다. 왜 사는지 대답할 수 없다면 허무주의에 빠져 있는 것이다. 왜 사느냐고 물으면 그냥 산다고 미소지으며 대답할 수도 있겠죠. 하지만 이는 왜라는 물음에 대한 대답이 될 수 없습니다. 이처럼 이제까지 최고로 여겼던 가치가 사라지는 것, 모든 가치가 전도되는 것이 바로 허무주의라고 이야기합니다.

허무주의의 상태를 표현한 니체의 유명한 말이 있습니다. "아무것도 진리가 아니다. 모든 것이 허용된다."[6] 18세기부터 19세기까지 수많은 이념이 발전했습니다. 자본주의, 자유주의, 사회주의, 공산주의, 무정부주의 등등. 그런데 이 중 어떤 것도 절대적인 진리라고 말할 수 있는 체계는 없어요. 절대적 가치에 대한 믿음이 무너지고 상실되기 시작한 거죠. 진리가 아무것도 아니라면 '모든 것이 허용된다'고 볼 수 있습니다. 시도할 수 있는 모든 것이 다 허용된다는 말이죠. 그렇기 때문에 19세기가 온갖 이념과 이데올로기가 실험된 시대인지도 모르겠습니다. 한때 히피들의 구호처럼 사용된 이 말은 이제 당연한 것으로 여겨지고 있습니다. 허무주의가 평범화되고, 누구도 허무주의를 심각한 것으로 받아들이지 않습니다. 이것이 우리가 살고 있는 21세기의 정신적 현실입니다.

그렇다면 어떻게 허무주의를 극복할 것이냐? 여기서 니체는 허무주의를 두 개로 나누어 생각합니다. 허무주의에도 두 가지 종류가 있다는 거예요. 하나는 수동적 허무주의고, 다른 하나는 능동적 허무주의입니다. 수동적 허무주의는 '왜'라는 물음에 대답할 수 없는 상태, 어떤 것도 진리가 아닌 상태에서 삶을 그냥 받아들이는 거예요. 스스로 어떤 시도도 해보지 않아요. 이러한 상태를 니체는 '무능력의 표현'이라고 말합니다. 약한 자이기 때문에 그냥 받아들인다는 거예요. 왜 사냐고 물었을 때 그냥 산다고 답하는 사람의 최고 목표는 뭘까요? 생존 자체입니다. 왜 사는지를 모르고 살기 때문에 인생의 목표가 없어요.

수동적 허무주의가 얼마나 보편화되었느냐 하면, 요즘에는 노인들뿐만 아니라 야망을 가져야 할 젊은이들에게도 허무주의가 만연해 있습니다. 제가 학교에서 20대 대학생들을 가르치고 상담하다 보면, 왜 공부하는지도 모르고 왜 사는지도 모르는 학생들이 많아요. 모두 똑똑한 학생들인데, 이 똑똑함을 어디다 써야 할지 모릅니다. 인생의 목표가 무엇인지를 고민하는 태도가 중요한 데 말이에요. 니체는 이 수동적 허무주의를 능동적 허무주의로 전환할 줄 알아야 한다고 이야기합니다.

일본에는 요즈음 사토리 세대가 있다고 합니다. 사토리 세대는 자동차, 사치품, 해외여행에 관심이 없고 돈과 출세에도 욕심이 없는 청년들을 뜻하는 신조어라고 합니다. 사토리가 '깨달음, 득도'라는 뜻을 가졌다고 하니, 사토리 세대는 마치 득도(得道)한 것처럼 욕망을 억제하며 사는 젊은 세대로 정의될 수 있어요. 언뜻 물질주의로부터 벗어난 포스트모던 히피처럼 보입니다. 아무런 목표도 없이 현재의 상태에 만족하는 삶은 니체의 수동적 허무주의의 전형입니다.

과거에는 한 가지 길만 가야 하는 줄 알았습니다. 전통적이고 권위주의적인 시대에는 부모님이 시키는 대로 가르쳐주는 대로 살면 된다고 생각했어요. 하지만 그런 사람은 인생을 실험하지 못합니다. 자기 삶을 주체적으로 살아가지 못해요. 그래서 저는 학생들에게 이렇게 이야기합니다. "부모님이 시키는 대로만 하면 절대 자유인이 되지 못한다. 거역할 줄 알아라. 인생을 정도로만 살면 절대 자기 삶의 주인이 되지 못한다." 삐딱하게 사는 것, 노선에서 일탈하는 것이 중요합니다.

"진리는 아무것도 아니다."라는 말은 최고의 가치가 없다는 의미지만, 이를 능동적으로 해석하면 스스로 무엇인가를 시도할 수 있다는 뜻입니다. 내가 내 삶의 목표를 스스로 설정할 수 있다는 것을 의미합니다. 이것이 바로 니체가 이야기하는 능동적 허무주의입니다. "모든 것이 허용된다."라는 말 역시 삶의 가치라는 측면에서 능동적으로 해석할 수 있습니다. 니체가 이런 이야기를 했어요. "인간은 어찌 보면 의미 없는 존재다. 그런데 의미 없는 존재가 의미 있는 이유가 있다. 의미 없는 존재가 의미 있는 이유는 딱 한 가지다. 의미에 대한 질문을 던질 줄 안다." 이는 '의미 없는 존재의 의미 부여가 바로 너의 삶이다.'라는 뜻입니다. 즉, 삶의 가치가 있는지 없는지는 자기 자신이 결정한다는 말입니다. 그러나 우리는 흔히 남의 이야기를 너무 많이 듣습니다. "플라톤이 이렇게 말했대, 니체가 저렇게 말했대."라고 이야기하며 그냥 받아들인다면 그것도 니체 정신이 아니죠. 권위에 의지하는 거잖아요.

니체는 서양 형이상학의 역사가 필연적으로 허무주의를 가져올 수밖에 없다고 봤습니다. 형이상학은 진리를 탐구합니다. 우리 삶을 움직이는 것이 무엇인지를 깊이 있게 탐구합니다. 진리와 허위를 구분합니다. 니체는 이런 이원론을 근본적으로 회의합니다. 선악의 대립이 과연 존재하는 것인지, 진리와 거짓 사이에는 차이가 있는 것인지. 혹시 선과 악, 진리와 거짓은 인간이 가치 평가를 위해 만들어낸 관점은 아닌지.

2000년이 넘는 시간 동안 진리를 탐구하다 보면 진리가 누구나 확인하고 검증할 수 있는 것이 아니라 하나의 해석에 불과할 수도 있다고 인식됩니다. 과거에는 지구가 평평한 줄 알았어요. 지구가 우주의 중심이고, 태양이 지구를 중심으로 도는 줄 알았어요. 그런데 사실 지구는 둥글고, 지구가 태양을 중심으로 돌아요. 뉴턴의 물리학이 진리인 줄 알았더니 아인슈타인이 나타났어요. 과학에서조차 패러다임이 끊임없이 변합니다. 진리를 탐구하다 보면 궁극적으로 인간은 자신에 대해 솔직할 때에 진정으로 자기 삶에 의미 있는 해석을 할 수 있습니다. 그래서 니체는 진리보다는 정직과 진실성을 훨씬 더 높이 평가합니다.

니체는 극단적이 되라고 이야기합니다. '극단적'이라는 말은 영어로 'radical'이라고 하는데요. radical의 어원은 '뿌리'입니다. 극단적이 되라는 말은 어떤 문제를 볼 때 그 뿌리까지 파고들라는 뜻입니다. 사람들은 대부분 그 끝까지 가지 않습니다. 진리를 탐구하다 원하지 않는 것이 나오면 그냥 눈을 돌려요. 삶의 문제가 있을 때 그 문제를 들여다보며 자기 자신이 원인이라는 것을 아는 데도 불구하고 그것을 인정하기 싫어합니다. 남을 탓하고 시대를 탓합니다. 이건 모두 철저하지 못한 거죠. 극단적이 되라는 것은 어떤 문제를 사유하더라도 끝까지 밀고 나가보라는 이야기입니다.

이런 관점에서 보면 신이 죽었다는 말을 그렇게 충격적으로 받아들이지 않을 수도 있습니다. "신은 하나의 해석이다."라고 말할 수도 있습니다. 신 또한 하나의 해석이고, 세계를 바라보는 관점이에요. 인류의 문명사를 돌이켜보면 신화의 시대로 시작하여 철학의 시대와 종교의 시대를 거쳐 오늘날 우리는 과학의 시대로 넘어왔습니다. 그렇다면 철학도 하나의 해석이고, 종교도 하나의 해석이고, 과학도 하나의 해석입니다. 오늘날 과학은 신화, 철학, 그리고 종교와 같은 과거의 해석들을 모두 미신으로 몰아붙이면서 스스로를 절대화하고 있습니다. 그렇지만 과학도 철학과 종교와 마찬가지로 하나의 해석이에요. 과학도 맹목적으로 믿을 것이 못 됩니다.

니체의 이야기를 들어볼까요. "하나의 해석이 몰락한다. (중략) 우리 이 사상을 가장 두려운 형식으로 사유해보자. 의미와 목표도 없는, 허무에 이르는 피날레도 없는, 존재하는 그대로의 실존: '영원회귀'. 그것은 허무주의의 가장 극단적인 형식이다: 무(무의미한 것)여 영원하라."[7]

우리 선조가 그랬고 우리가 그렇듯, 우리 후손도 끊임없이 삶의 의미가 무엇인지, 우리는 도대체 왜 살아야 하는지에 관해 탐구할 겁니다. 이 질문은 18세기 사람도 던졌고 19세기 사람도 던졌고 우리도 던지고 있을 뿐만 아니라, 100년 후를 살아가는 사람도 던질 거예요.

보통 세대 갈등을 이야기하면서 기성세대와 젊은 세대의 세계관이 많이 다르다고 말합니다. 그런데 제가 학교에서 대학생들과 대화를 나누고 토론을 하며 그들의 속생각을 엿볼 기회가 많은데요. 표면적으로는 지금 젊은이들의 생각과 행위가 기성세대와 엄청나게 다른 것처럼 보이지만, 대화를 하다 보면 지금의 젊은이들도 제가 20대에 던졌던 문제를 똑같이 고민하고 있음을 느낍니다. '어떻게 살아야 하지? 왜 살아야 하지?' 이런 문제죠.

우리는 끊임없이 새로운 것을 원하지만 사실 세상은 끊임없이 돌고 돌 뿐이라고 볼 수도 있습니다. 동일한 것의 영원회귀입니다. 태어남과 죽음의 자연스러운 순환도 영원회귀고, 실존적 문제의 끊임없는 반복도 영원회귀입니다. 그렇기 때문에 니체는 영원회귀가 허무주의의 가장 극단적인 형식이라고 말합니다.

니체는 자신의 삶이 아주 유별나고 독특한 것처럼 보이지만, 독특하고 유별난 것이 하나도 없다고 합니다. 끊임없이 차별화되려고 노력하지만 멀리서 보면 사실 그렇게 큰 차이는 없다는 거죠. 저 역시 남들과 정말 다르게 살아왔다고 자부심을 느끼지만, 뒤돌아보면 제 삶도 그렇게 크게 다르지 않습니다. 차이가 나지 않습니다. 여기서 니체는 말합니다. "무(無)여 영원하라!" 이것은 우리에게 새로운 실존의 의미, 새로

우리 이 사상을 가장 두려운 형식으로 사유해보자.
의미와 목표도 없는, 허무에 이르는 피날레도 없는,
존재하는 그대로의 실존: '영원회귀'.
그것은 허무주의의 가장 극단적인 형식이다: 무(무의미한 것)여 영원하라.

《유고(1885년 가을~1887년 가을)》 중에서

운 유를 창조할 기회를 제공합니다.

신의 죽음. 목적도 의미도 없는 삶을 우리가 어떻게 살 것인가? 어떻게 하면 니체의 관점을 가장 극단적인 형식으로 연출해낼 수 있을까? 며칠 밤을 고민하다가 제가 만들어낸 사자성어가 있습니다.

이제까지 전통적 철학의 형이상학적 관점은 '살신성인(殺身成仁)'이었습니다. 몸 신(身) 자에 어질 인(仁) 자입니다. 여기서 인은 사랑이라는 최고의 가치를 의미합니다. 인간의 몸에서 나오는 수많은 욕망과 충동과 본능을 참으라고 했습니다. 어느 철학이나 그랬어요. 전통 형이상학은 그렇게 인간의 몸을 극복하면 신적 경지에 도달하고 신적 가치를 실현할 것이라고 이야기했습니다.

니체는 이를 전복시킵니다. 인간은 몸의 존재라고 말합니다. 인간은 몸으로 태어났다가, 몸이 존재하는 한 살다가, 몸이 사라지면 대지로 돌아갑니다. 물론 신을 믿는 사람들은 죽으면 천당 간다고 이야기하겠죠. 문제는 우리 중에 천당에 갔다 온 사람이 없다는 겁니다. 우리는 죽어본 적이 없기 때문에 죽음을 이해하지 못해요. 이 말은 우리가 존재한다는 것은 항상 몸으로 존재한다는 것을 의미합니다.

우리 몸은 세계를 감각하고 지각합니다. 더우면 덥다고 느끼고, 추우면 춥다고 느끼고, 봄에 꽃이 만발하면 생동감을 느끼는 것은 우리 몸이지 정신이 아닙니다. 정신은 오히려 몸을 왜곡시킵니다. 너무 정신적인 가치에만 몰두하지 말아야 해요. 정신적인 가치에만 몰두하면 우리가 몸의 존재라는 사실을 망각하고 미쳐버릴 수도 있습니다.

니체는 몸을 부정하면 우리의 실존을 부정하는 것이라고 말하면서 '몸의 이성'을 이야기합니다. 이러한 니체의 입장을 표현하기 위해 저는 '살신성인(殺神成人)'이라는 다른 사자성어를 만들었습니다. 이제까지 인간이 맹목적으로 추구하던 절대적 가치가 더 이상 가치 없음을 인식한다면, 새로운 지평이 열리고 새로운 바다에 물이 차고 태양이 다시 떠오를 것입니다. '신이 죽는다면 네가 바로 인격이 되고 네가 바로 너의 자아를 찾게 될 것이다.' 이것이 프리드리히 니체가 이야기하는 '신의 죽음'의 핵심입니다.

신의 죽음이라는 너무 충격적이고 선정적인 말에 헷갈릴 필요 없습니다. 당황할 필요가 없습니다. 이제까지 2000년 동안 우리를 지배해왔던 절대적 가치가 사라진다고 해서 혼란스러워할 필요도 없습니다. 그 가치도 우리가 만들어내고 우리가 창조한 것입니다.

우리는 가치를 만들어내는 사람을 예술가라고 이야기하죠. '신은 죽었다.'라는 니체의 명제를 달리 표현하면 자신의 삶의 예술가가 되라는 말입니다. "절대적 가치를 더 이상 신뢰하지 않아도 좋다. 그렇지만 너의 몸을 인정하고 너의 충동과 감각과 본능을 있는 그대로 받아들인다면 너는 바로 본래의 네가 될 것이다." 이렇게 니체는 이야기합니다.

우리는 어려운 시대를 살고 있습니다. 중심을 잡기가 너무나 힘듭니다. 모든 사람이 소비에 미친 현대 자본주의사회에서 소비를 하지 않는 것은 쉽지 않습니다. 중심을 잡는다는 것은 자기만의 가치를 갖는다는 것을 의미합니다. 신의 죽음이 평범화되고 더 이상 충격적이지 않은 21세기 세속화 시대. 신이 죽었다는 니체의 말을 통해, 여러분이 자신의 삶을 돌아보고, 삶의 주인이 되고, 삶의 예술가가 되길 진심으로 기원합니다.

Friedrich

권력에의 의지, 삶의 내면을 들여다보다

Nietzsche

생명이 있는 곳에 권력이 있다

이제까지 추구해왔던 절대적 가치가 더 이상 의미 없다는 것을 알게 될 때, 여러분은 무엇에 의지하십니까? 아마 자기 삶을 돌아보리라고 생각합니다. 더 이상 믿을 것이 없을 때 유일하게 믿는 것은 자기 자신뿐입니다. 자신을 중심에 세워놓으면 우리는 그곳에서 의지를 발견합니다. 생명체가 있는 곳에는 의지가 있게 마련이죠. 삶은 의지입니다. 니체에게 큰 영향을 준 쇼펜하우어는 '삶의 의지'을 말했고, 과학에 혁신적인 패러다임 전환을 가져온 다윈도 생존과 경쟁을 이야기했습니다. 그렇다면 믿을 것은 우리의 의지뿐일까요?

니체는 이 문제를 뒤집어봅니다. 신이 죽은 시대에 우리가 생각해야 할 문제가 있다면 그것은 다름 아닌 권력에의 의지라고 이야기해요. 이 권력의 문제를 삶의 내면으로부터 들여다볼 필요가 있다고 이야기합니다. 도대체 권력은 무엇일까요? 권력은 어떤 속성을 가지고 있기에 니체는 우리가 전통적 형이상학의 가치보다는 권력에의 의지에 따라야 하고, 또 이것을 적극적으로 사유할 필요가 있다고 한 것일까요? 오늘은 이 문제를 살펴보겠습니다.

니체는 이렇게 이야기합니다. "내 말을 들어라, 더없이 지혜로운 자들이여! 내가 생명 자체의 심장부 속으로 그리고 그 심장의 뿌리에까지 기어들었는지를 진지하게 눈여겨보라! 살아 있는 것을 발견할 때마다 나는 권력에의 의지도 함께 발견했다. 심지어 누군가를 모시고 있는 자의 의지에서조차 나는 주인이 되고자 하는 의지를 발견했다."[1] 어떤 문제를 끝까지 파헤치다 보면, 문제의 핵심과 뿌리를 붙잡고 늘어지면 자신의 말을 수긍할 수밖에 없을 것이라고 니체는 자신만만하게 말합니다. 니체는 살아 있는 것을 발견할 때마다 권력에의 의지를 함께 발견한다고 주장합니다. 심지어 누군가를 모시고 있는, 복종하는 자의 의지에서조차 주인이 되고자 하는 의지를 발견했다고 이야기합니다. 모든 삶이 권력을 지향한다는 것입니다.

권력은 보통 나쁜 의미로 사용되는 단어, 쉽게 입에 올리기 어려운 단어일 겁니다. 만약 제가 권력을 추구한다고 하면 사람들은 제 인성을 의심할 거예요. 대부분의 사람들은 '권리'라는 말은 쉽게 입에 올리면서도 '권력'이라는 말은 부정적으로 생각하는 경향이 있습니다. 권리는 정당하고 당연하고 고귀한 것으로 여기지만 권력은 부당하고 사악한 것으로 생각합니다. '권력을 좇는 인간'은 가치를 추구하기보다는 단순히 다른 사람에게 영향만 끼치려 하는 사람이라는 편견이 뿌리 깊게 퍼져 있습니다.

살아 있는 것을 발견할 때마다
나는 권력에의 의지도 함께 발견했다.

《차라투스트라는 이렇게 말했다》 중에서

권력은 정말 나쁜 것일까요? 우리는 먼저 권력이 과연 악한 것인지를 살펴보겠습니다. 재미있게도 전통 형이상학은 권력과 반대되는 개념으로서 이성과 진리를 추구했어요. 권력과 진리는 대립적인 것으로, 모순적인 것으로 파악되었습니다. '법을 만드는 것은 진리가 아니라 권위다.'라는 홉스의 유명한 명제는 이를 잘 말해줍니다. 그런데 우리는 모두 권력에는 나름의 논리와 이성이 있다는 것을 알고 있습니다. 그뿐만 아니라 역사를 쓰는 것은 승자인 것처럼 권력이 진리를 만들어낸다는 것을 경험적으로 알고 있습니다. 우리는 권력이 어떤 속성을 가지고 있는지, 또 권력을 어떻게 대해야 할지를 살펴보도록 하겠습니다.

권력에의 의지는 독일어로는 'Der Wille zur Macht', 영어로는 'The will to power'로 표현합니다. 여기서 권력(power)과 의지(will) 사이에 있는 'to'가 중요합니다. 우리의 의지는 항상 권력을 향해 있다는 말입니다. 생명이 있는 곳에는 의지가 있는데, 그것은 항상 권력에의 의지라는 것입니다.

'권력'이라는 말을 들으면 정치적 권력이 제일 먼저 떠오를 겁니다. 정치적 권력도 권력이 틀림없습니다. 이 세상을 정치적인 관점에서 보면 사람은 두 계급으로 나뉩니다. 지배하는 자와 지배받는 자. 명령하는 자와 복종하는 자. 이렇게 항상 두 계급으로 나뉩니다. 정치적인 관점에서 우리는 권력을 이런 식으로 생각할 수도 있습니다.

그런데 문제가 있어요. 지배하는 자와 지배받는 자 중 어느 쪽이 다수입니까? 99퍼센트가 명령하는 자, 지배하는 자인가요? 아니죠, 1퍼센트가 지배하죠. 전 세계 70억 인구 중 99퍼센트가 한데 뭉치면 어마어마한 힘을 행사할 수 있을 텐데 그러지 않습니다. 영국의 근대 철학자 데이비드 흄(David Hume, 1711~1776)이 이렇게 이야기합니다. "참 놀라운 일이 있다. 왜 다수의 사람들은 다수임에도 불구하고 항상 소수에 의해 지배당하는가?"

약자는 항상 착취를 당하고, 억압을 당하며, 복종을 강요받습니다. 이런 상황에서 권력이라는 문제가 항상 대두되기 때문에 우리는 권력에 알레르기 반응을 일으킵니다. 권력을 부정적으로 생각해요. 1970~1980년대에 반정부 투쟁을 하고 민주화 운동을 할 때 자주 인용된 액턴 경의 말이 있습니다. "권력은 부패한다. 그리고 절대적 권력은 절대적으로 부패한다."[2] 이렇게 우리의 머릿속에 권력은 정말 나쁘고 악한 것이라는 선입견과 편견이 각인되어 있습니다. 니체는 이를 뒤집습니다. 사람들이 전부 권력이 나쁘다고 하는데, 재미있는 것은 그들이 말은 그렇게 하면서도 실제로는 모두 권력을 추구한다는 겁니다. 이런 현상이 니체의 철학적 호기심을 자극합니다.

이 문제를 니체보다 먼저 제기한 사람은 바로 15~16세기에 활동한 이탈리아 사상가 마키아벨리입니다. 마키아벨리는 《군주론》에서 세계를 움직이는 '사물의 실제적 진리(verità effetuale della cosa)'[3]가 바로 권력이라고 주장합니다. 마키아벨리는 이렇게 말합니다. "'인간이 어떻게 사는가'는 '인간이 어떻게 살아야 하는가'와는 너무나 다르기 때문에, 일반적으로 행해지는 바를 행하지 않고 마땅히 해야 하는 바를 고집하는 군주는 권력을 유지하기보다 잃기 십상이다."[4] 이때만 해도 기독교적 가치관이 지배적이었기 때문에 군주나 교황 등 세계를 통치하는 이들은 모두 올바른 방식으로 세계를 지배해야 한다고 이야기했는데요. 마키아벨리는 실질적으로 권력이 세계를 움직인다고 말합니다.

《군주론》이 출간되자마자 잉골슈타트에서 《군주론》 화형식이 열리고, 이 책은 금서가 됩니다. 사람들은 마키아벨리의 《군주론》을 악마의 손으로 쓴 책이라고 이야기했습니다. 그런데 재미있는 것은 마키아벨리의 《군주론》을 금서 목록에 올리고 이른바 반(反)마키아벨리즘을 전파하면서도 사람들은 이 책을 가장 많이 읽었습니다. 왜 그랬을까요? 마키아벨리가 도덕적 정서를 자극하면서도 동시에 세상의 실질적 진리를 꿰뚫어보았기 때문이 아닐까요. 그런데 니체는 한술 더 떠서 마키아벨리보다 훨씬 더 사악한 책을 쓰고 싶다고 말합니다.

니체는 권력이 삶을 움직이는 근본적 동인이라고 보았습니다. "이제까지 우리가 고귀한 것이라고 생각했던 것들을 한번 살펴보자. 존재, 생명력을 가지고 있는 모든 것의 내면을 한번 들여다보아라. 권력에의 의지에 불과하다." 니체의 말입니다.

가장 숭고하고 절대적인 가치라고 믿었던 신도 그렇습니다. 신은 항상 전지전능하다는 수식어가 붙어요. 최고의 권력자죠. 신은 에덴동산을 만들고 아담과 이브에게 명령을 내립니다. "저 지식의 열매는 따먹지 마라." 왜냐하면 지식의 열매를 따먹는 순간 인간은 선과 악을 구별할 수 있고 자신만의 가치를 가지게 되기 때문입니다.

그래서 저는 감히 이렇게 주장합니다. 인류 문명의 발전은 이브의 유혹적인 행위 때문이라고요. 인간의 해방은 신의 권력에 저항했기 때문에 비로소 가능했습니다. 신의 뜻에 복종했더라면, 우리는 여기에 존재할 수 없습니다. 출산과 노동은 신의 말을 거역한 대가로 치러야 하는 벌이었습니다. 신의 말에 순종했다면, 이 세상에는 아담과 이브밖에 없는 거예요. 아름다운 낙원일지는 모르지만 끔찍한 세상이죠. 그렇기 때문에 오늘날의 인류가 존속할 수 있도록 한 실낙원은 인간의 권력의지의 표현입니다. 이렇듯 니체는 우리가 이제까지 믿고 숭배한 가치가 실제로는 권력에의 의지에 불과하다고 이야기합니다.

권력은 통상 힘, 에너지, 세력 등으로 표현됩니다. 그런데 이런 힘의 작용은 모두 권력의 외면적 요소입니다. 이보다 더 중요한 것은 권력의 내면적인 요소예요. 우리는 권력의 내면적 요소에 주목해야 합니다. 외면은 사실 전부를 말해주지 않아요. 아주 덩치가 좋은 데도 위험한 상황을 보면 그냥 고개를 숙이고 보지 않으려고 하는 비겁한 사람도 많잖아요. 힘이 세다고 권력이 있는 것은 아닙니다. 위기 상황이 닥쳤을 때, 진정한 용기는 무엇이 정말 위험한지를 파악하는 능력입니다. 이런 진정한 힘은 내면으로부터 나온다고 볼 수 있는 거죠.

권력의 외면적 요소인 힘은 18~19세기에 과학이 발전하면서 많은 사람의 입에 오르내린 개념이었습니다. 근대에 들어와서야 비로소 모든 물체는 힘을 가지고 있다는 자연과학적 인식이 시작되었죠. 니체는 이러한 자연과학적 인식이 틀렸다고 생각하지는 않았습니다. 그러나 더 중요한 것은 물체의 힘이 발현되게 하는 것은 무엇인지, 권력의 내면에 무엇이 있는지, 권력에의 의지가 무엇인지를 우리가 생각해봐야 한다는 겁니다.

권력에의 의지는 욕망, 충동, 생존, 삶에의 의지 같은 것들입니다. 우리는 멋진 사람, 아름다운 사람을 만나면 그 사람을 갖고 싶어해요. 소유하고 싶은 욕망이 있습니다. 충동을 느껴요. 생존, 삶의 의지를 갖습니다. 이것들은 전부 외면에서 주어지는 힘이 아니라 내면으로부터 발현되는 힘입니다. 니체는 이것들을 '권력에의 의지'라고 합니다.

심지어 아메바와 같은 단세포동물도 다른 단세포동물을 소화시키려고 합니다. 아메바조차 권력에의 의지를 가지고 있다고 할 수 있는 거죠. 살아남기 위해서 외부의 것을 자기의 것으로 만들고 동화를 시켜야 합니다. 생명체가 살아 있으려면 끊임없이 바깥 환경과 교류하고 소통하고 동화시켜야 하잖아요. 내 것으로 만들어야 하죠. 우리가 살아 있다는 것은 숨을 쉬고 음식물을 섭취하면서 외부 환경과 물질 교환을 하고 있다는 것을 의미합니다. 우리 몸은 어떤 시점에서도 동일하지 않습니다. 끊임없이 변화합니다. 이러한 현상은 통상 삶에의 의지로 이해됩니다. 그런데 니체는 이렇게 말합니다. "오직 생명이 있는 곳, 그곳에 의지가 있다. 그러나 나는 그것이 생명에 대한 의미가 아니라 권력에의 의지라는 것을 가르치노라!"[5] 니체는 살아 있는 것은 많은 것을 생명 그 자체보다 더 높게 평가한다고 주장합니다. 현재의 것을 극복하고 그것을 능가하는 다른 것을 성취하고자 하는 의지, 이것이 바로 권력에의 의지입니다.

저는 권력에 대한 편견을 수정하고자 했습니다. 권력은 악한 것이다? 아닙니다. 권력은 생명의 근본적인 현상일 뿐이에요. 우리는 권력이 발현되는 방식에 대해서 선악을 이야기할 수 있을지 모르지만, 권력 그 자체는 악한 것이 아닙니다. 권력은 정치적 현상에서만 나타나는 것이다? 아닙니다. 생명이 있는 모든 곳에는 권력에의 의지가 있습니다.

노예가 가진 권력

우리는 이제까지 강자만 권력을 가지고 있는 줄 알았어요. 제가 이제까지 30여 년 동안 결혼 생활을 하고 있는데요. 결혼한 부부의 이야기를 들어보면 모두 자기만 당하고 산다는 편견을 갖고 있어요. 저도 우리 집사람이 저에 대해서 엄청난 권력을 가지고 있는 줄 알고 살았습니다. 그런데 제 집사람이 이런 이야기를 해요. 제가 항상 가정을 생각하고 자신의 말을 다 들어주는 것 같지만 실제로 권력을 행사하는 사람은 저인 것 같다고요. 이건 비유적 설명이지만, 누구나 이런 경험이 있을 거예요. 약자도 권력을 추구합니다. 강자만 권력을 가지고 있는 게 아닙니다. 약자가 권력을 추구하는 방식이 강자의 그것과 다를 뿐이죠.

니체는 이를 설명하기 위해 도덕 현상을 두 가지로 나눕니다. 주인 도덕과 노예 도덕입니다. 주인 도덕은 명령하는 자가 가치를 만들어내는 것을 의미합니다. 예를 들면 과거 문명이 태동하던 시기에 강자는 하나의 질서를 정하고 이 질서를 유지할 수 있는 가치를 만듭니다. 이것이 주인 도덕입니다. 질서를 창조하고 유지하는 강함이 나쁜 것인가요? 강하다는 것이 나쁜 게 아니었어요. 주인 도덕은 명령하는 자의 가치 창조이기에 능동적입니다. 주인 도덕은 역사를 승자가 쓴다는 말에서도 잘 드러나죠.

여기서 니체는 하나의 질문을 던집니다. 그렇다면 약자는 늘 주인의 명령에 따르기만 하는 자에 불과한 것일까? 여기서 우리는 흥미로운 사실을 발견합니다. 복종해야 하는 사람, 가장 밑바닥에 있는 사람인 노예도 영리해야 살아남을 수 있어요. 살아남기 위해서는 복종하는 자도 나름의 가치를 만들어내야 합니다. 가치 창조는 이들에게도 필수적이에요. 그러나 이들이 만들어내는 가치는 능동적이지 않고 반동적입니다.

니체의 말을 들어볼까요. "도덕에서의 노예 반란은 원한 자체가 창조적이 되고 가치를 낳게 될 때 시작된다. 이 원한은 실제적인 반응, 행위에 의한 반응을 포기하고, 오로지 상상의 복수를 통해서만 스스로 해가 없는 존재라고 여기는 사람들의 원한이다. 고귀한 모든 도덕이 자기 자신을 의기양양하게 긍정하는 것에서 생겨나는 것이라면, 노예 도덕은 처음부터 '밖에 있는 것', '다른 것', '자기가 아닌 것'을 부정한다. 그리고 이러한 부정이야말로 노예 도덕의 창조적인 행위인 것이다."[6]

노예가 어떻게 반동적 가치를 만드는지 예를 들어보겠습니다. 과거의 전통사회에서 지배적인 가치는 전부 귀족의 가치였습니다. 귀족은 나쁜 게 아니라 좋은 것이었어요. 귀족은 모두가 선망하는 신분이었고, 다른 계층은 그들을 닮고 싶어했습니다. 늘 명령받고 복종하는 사람들은 어떻게 하면 그들을 전복시킬 수 있을지 궁리했습니다. 주인의 명령은 듣기 싫잖아요. 그렇지만 주인은 너무나 강했기 때문에 그들에게 행동으로 반격한다는 것은 거의 불가능했습니다. 노예들은 행동으로는 반란을 꾀할 수 없지만 정신으로는 반란을 꾀할 수 있어요. 이렇게 행동은 하지 않으면서도 정신적으로 반란을 꾀할 때 생기는 감정을 니체는 '원한 감정(ressentiment)'이라고 이야기합니다.

노예 도덕이 얼마나 무서운지 보여주는 사례가 있어요. 로마 시대에 원시 기독교인들은 핍박받는 약자였는데요. 이들은 자신의 처지를 대변할 새로운 가치를 만들어냅니다. "네 이웃을 사랑하라."라는 말이 있

고귀한 모든 도덕이 자기 자신을
의기양양하게 긍정하는 것에서 생겨나는 것이라면,
노예 도덕은 처음부터 '밖에 있는 것', '다른 것', '자기가 아닌 것'을 부정한다.

《도덕의 계보》 중에서

습니다. 이웃을 사랑하는 사람이 명령을 내릴 수 있을까요? 또 "부자가 천국에 들어가는 것은 낙타가 바늘구멍에 들어가기보다 어렵다."라는 말은 어떤가요? 이 말은 부자가 되지 말라는 이야기입니다. 가난한 자가 도덕적으로 선하다는 이야기죠. 기존의 가치 체계를 완전히 뒤집어 엎은 거예요. 부를 누리고, 권력을 행사하고, 명령을 내리는 귀족적 가치는 고귀하고 선한 것이었는데, 기독교적인 세계관이 이를 바꾸어놓습니다. 약한 자가 선하게 되고, 가치 있는 것은 이제 명령이 아니라 사랑이 됩니다. 귀족을 힘이나 행위로 몰아낼 수는 없지만, 원한 감정을 통해 자신의 입장을 가치로 둔갑시키고 그것을 강력한 무기로 전환시킨 거죠. 노예들도 저항하기 위해서 새로운 가치를 만들어낸 것입니다.

다른 예를 들어볼까요. 왕정 시대에 왕은 절대적 권력을 가지고 있었습니다. 항상 왕이 명령을 하니까 귀족들은 왕권을 제한하고 싶었어요. 왕권과 의회가 대립하던 시절에 발발한 명예혁명을 생각해보세요. 이 과정에서 권리장전이 선포되는데, 권리장전이 통상 신민의 권리와 자유를 인정한 인권선언으로 알려져 있지만 실제로는 왕위 계승까지도 의회에서 정하게 한 귀족들의 권리선언이었습니다. 이후 귀족들은 왕과 함께 평민을 억압합니다. 그러자 일반 민중, 국민은 생존을 위해서 새로운 가치를 만들어냈어요. "모든 인간은 태어나면서부터 평등하고 자유로운 권리를 가지고 있다."라고 주장합니다. 바로 인권 개념이 만들어진 겁니다. 피지배자들이 자신의 권익을 보호하기 위해, 왕권을 견제하기 위해 귀족들이 만들어놓은 인권 개념을 사용했다는 것은 대단히 영리한 행위입니다. 그래서 니체는 인권이 실제로는 노예 반란의 덕택이라고 이야기합니다. 노예도 가치를 만들어냈다는 점을 강조한 표현이에요.

이렇게 보면 명령하는 자와 복종하는 자는 모두 자신의 권력을 증대 시키기 위해 물리적 수단뿐 아니라 정신적 수단도 사용합니다. 가치를 통해서 노예가 해방될 수 있었다는 이야기죠. 그렇기 때문에 니체의 영향을 많이 받은 프랑스 철학자 질 들뢰즈(Gilles Deleuze, 1925~1995)는 원한을 반동적 힘들이 승리한 것이라고 이야기합니다. 지배를 받는 노예와 민중은 실질적으로 행동은 못하지만 머릿속으로 꿈꿨던 자신의 가치를 무기로 삼았습니다. 왕이 명령을 내리려고 하면, 우리도 평등한 권리를 가지고 있다고 이야기하는 겁니다. 민주주의는 어떤 의미에서 이런 과정을 통해 생겨났다고 할 수도 있습니다.

여기에서 니체는 노예 도덕의 논리에 착안하여 전통 철학에 대적할 개념을 만들어냅니다. 전통 형이상학은 이성의 전제로부터 출발했어요. 세상이 겉으로는 비이성적으로 보일지라도 궁극적으로는 이성이 지배한다는 전제입니다. 세상에는 수많은 사람이 있고 이들은 충동적이고 폭력적인 자신의 욕망을 따르지만 결과적으로는 이성이 이 세계를 지배한다는 것이 니체 이전의 서양 형이상학의 대전제였습니다. 헤겔은 이것을 '이성의 간계'[7]라고 표현합니다. 알렉산드로스 대왕, 나폴레옹 같은 위대한 인물 역시 권력을 얻기 위해 자신의 의지와 욕망에 따라 행동하는 것처럼 보이지만 결국 세계사에 도도히 흐르고 있는 이성의 논리를 따를 뿐이라는 말이에요. 이성이 자신의 뜻을 직접 실현하지 않고 다른 사람의 힘을 빌리되 이들은 자신의 목표를 실현한다고 생각하도록 만드니 이것보다 영리한 방식이 어디 있겠습니까. 이만큼 이성의 힘이 강하다는 의미입니다.

그런데 니체는 이성의 간계에 '무능의 간계'를 대립시킵니다. "억압당한 자, 유린당한 자, 능욕당한 자가 무력감이라는 복수심에 불타는 간계에서 '우리는 악한 인간과 다른 존재가 되도록 하자, 즉 선한 존재가 되게 하자! 그리고 선한 인간이란 능욕하지 않는 자, 그 누구에게도 상처주지 않는 자, 공격하지 않는 자, 보복하지 않는 자, 복수를 신에게 맡기는 자, 우리처럼 자신을 숨긴 채 사는 자, 모든 악을 피하고 대체로 인생에서 요구하는 것이 적은 자, 즉 우리처럼 인내하는 자, 겸손한 자, 공정한 자다.'라고 스스로를 설득한다."[8]

　권력에의 의지의 관점에서 보면 아무런 능력이 없고, 권력이 없는 것 같이 보이는 사람일지라도 계략이 뛰어나서 살아남는 방법을 터득하고 있다는 뜻입니다. 대표적인 사례는 앞서 언급했듯 약자들의 가치를 보편화하는 거죠. 인권을 보편화하고, 이웃 사랑을 보편화하는 거예요. 무력한 사람들이 자기 자신의 약한 처지와 무능력으로부터 나오는 가치를 거꾸로 우월한 가치로 포장하고 위장함으로써 살아남고자 하는 계략을 '무능의 간계'라고 말합니다. 이렇게 생각해보면 권력은 강자의 전유물이 아닙니다. 이 세상은 틀림없이 명령하는 자와 복종하는 자로 구분되고, 지배자와 피지배자가 있습니다. 그렇지만 지배자는 늘 지배만 하고 피지배자는 항상 지배만 당하는 것은 아닙니다.

　주인은 주인이 되기 위해서 역설적으로 노예에게 의존합니다. 영국에는 오랜 귀족적 전통이 있죠. 귀족은 혼자서 할 수 있는 게 아무것도 없어요. 아침에 일어나면 하인이 세숫대야를 갖다주고, 옷도 챙겨주고, 아침 식사까지 준비해놓습니다. 그게 주인의 생활이에요. 정말 부럽다는 생각이 들죠. 그런데 문제는 하인이 없으면 귀족은 할 수 있는 게 하나도 없다는 겁니다. 어떻게 씻어야 할지, 무엇을 입어야 할지, 어떻게 요리해야 할지 모르죠. 만약 오늘날이었다면 은행에서 돈을 어떻게 찾는지도 모를 겁니다. 이렇게 주인은 노예에게 의존합니다. 그렇다면 하인은 항상 주인이 시키는 대로만 행할까요? 하인은 주인이 자신에게 의존한다는 사실 자체를 무기로 삼을 수 있습니다. 주인이 자신에게 더욱 의존하게 만들면 만들수록 주인에 대한 하인의 권력은 커집니다. 이것이 권력의 속성입니다.

삶은 권력에의 의지다

이 세상이 권력으로 충만하고 살아 있는 모든 것이 권력을 증대시키고자 하는 기본적인 욕망을 가지고 있다면, 우리는 권력이 그 자체로 악하다는 편견과 선입견을 없애야 합니다. 우리는 권력의 속성을 다른 관점에서 새롭게 파악할 필요가 있습니다. 권력을 완전히 뒤집으면 새로운 생성과 창조의 동기가 됩니다. 새로운 것을 창조하고자 한다면 권력을 가져야 해요. 제가 자식들에게 하는 말이 있습니다. 자유롭기를 원한다면 자유로울 수 있는 힘을 가지라는 말이에요. 그렇지 않으면 늘 의존하게 돼요. 본능과 충동으로부터 벗어나고자 할 때도 힘을 가지라고 말합니다. 그 본능과 충동을 통제할 수 있는 힘을 가지라는 이야기죠. 권력에의 의지 없이는 새로운 가치가 만들어지지 않습니다. 우리 모두 '권력인'이 되는 게 어떨까 하는 생각도 듭니다.

우리가 살아가는 사회에만 권력이 작용하는 것은 아닙니다. 우리의 내면적 삶 역시 권력의 무대입니다. 니체와 함께 삶의 내면으로 들어가볼까요. "모든 물질적인 것은 미지의 사건에 대한 일종의 운동 징후다. 의식되고 느껴진 모든 것은 다시금 알려지지 않은 것의 징후다. (중략) 운동들은 징후들이다. 사상들 역시 마찬가지로 징후들이다. 욕구들이 양자의 배후에 있다는 것이 우리에겐 명백하다. 그리고 근본 욕구는 권력에의 의지다."[9] 우리의 생각과 의지는 모두 내면에서 일어나고 있는 어떤 사건들이 바깥으로 나타나는 징후에 불과하다는 겁니다. 건강하던 사람이 갑자기 아프지 않습니다. 우리의 몸은 사전에 항상 무언가 징후를 내보냅니다. 그런데 우리는 다른 데 매몰되어 있다가 이 징후를 포착하지 못하죠. 사람들이 함께 어울려 살아가는 사회적 삶도 마찬가지입니다. 인간관계가 위태롭고 위기에 처할 경우, 그 징후는 이미 오래전에 나타납니다. 대화가 뜸했을 수도 있고, 말수가 줄어들었을 수도 있습니다. 이처럼 우리 내면에는 끊임없는 권력에의 의지가 작동하고 있는데, 우리는 바깥의 현상만 보고 판단하는 경향이 있습니다. 니체는 바깥으로 드러나는 것은 내면적 운동의 징후에 불과하다고 분석하면서 이 내면적 운동이 바로 '권력에의 의지'라고 말합니다.

그렇다면 권력에의 의지는 어떤 운동 구조를 가지고 있을까요? 힘, 권력을 가지고 싶다면 먼저 자기 권력이 어느 정도인지를 판단해야 합니다. 연인이나 부부 사이에 밀고 당기기를 할 때 제일 중요한 것은 자신의 힘이 어느 정도인지 아는 겁니다. 자기평가를 못해도 실패하고, 자기기만을 해도 실패하죠. 문제는 권력이 외면적으로 잴 수 있는 게 아니라는 거예요.

그렇다면 사람들은 언제 '권력 감정'을 느낄까요? 저항에도 불구하고 내 의지를 관철할 수 있을 때 우리는 뿌듯한 권력의 감정을 느낍니다. 권력의 감정이 수반되지 않는다면 권력을 가지고 있는 게 아니에요. 예를 들어 가정주부는 남편이 회사에서 일하고 돈을 벌어 올지는 모르지만, 그래도 집안의 중심은 자신이라는 자부심을 가질 수 있어요. 이런 감정을 느끼지 않으면 가정주부는 위태로운 거예요. 권력 감정을 느껴야 합니다. 권력 감정은 자기 의지를 확인하고 그것을 실현할 수 있음을 느끼는 거예요. 우리는 종종 권력을 확인하기 위해 미끼를 던지고 낚시찌를 관찰하기도 합니다. 저항이 있는지 없는지 시험해보는 거죠. 저항이 있으면 낚시찌는 움직이게 마련입니다. 저항을 통해 자신의 권력을 확인하고, 저항에도 불구하고 자신의 의지를 관철할 때 우리는 권력 감정을 갖게 됩니다. 이처럼 권력은 항상 권력 증대를 원합니다.

'권력에의 의지'에 내재하는 운동 구조는 이처럼 권력 정도의 확인, 권력 감정, 권력 증대로 이어지는 과정입니다. 인간은 살아가면서 끊임없는 이 과정을 거친다는 거예요. 자기가 가지고 있는 힘의 정도를 확인하고, 자기 의지를 표현하고 관철시키는 데 있어서 끊임없이 권력 감정을 느끼고, 지금의 상태를 넘어서고자 하는 권력 증대의 욕망을 가지고 있는 것이 우리의 삶입니다. 이는 강연을 할 때, 글을 쓸 때, 업무를 수행할 때도 똑같이 해당됩니다. 아무리 좋은 글을 써도 미진한 구석이 있게 마련이기 때문에 더 좋은 글을 쓰려면 지금 쓴 글을 넘어서야 합니다.

생명체가 살아남기 위해서는 남의 것을 자기 것으로 만들어야 합니다. 바깥의 물질을 호흡하고 섭취해서 내 몸으로 만들어야 해요. 그런데 지배의 대상이 되는 사람도 똑같이 권력의지를 가지고 있기 때문에 쉽지 않은 거죠. 그러니까 권력이라는 것은 정치적으로만 해석될 수 있는 게 아니라 생명의 근본 현상입니다. 간단히 말해서 이제까지 자기가 성취한 것을 넘어서고자 하는 운동 의지가 권력이에요.

제가 예전에 마라톤을 했는데요. 처음엔 10킬로미터부터 시작했습니다. 10킬로미터는 가볍게 뛰었죠. 그다음에는 하프 마라톤에 도전했습니다. 죽을 뻔했어요. 18킬로미터쯤 되니까 가슴이 막히고 쓰러질 것 같더라고요. 그런데 그걸 넘어서니까 이른바 '마라토너스 하이'라는 감정이 왔어요. 마침내 골인을 했는데, 해냈다는 뿌듯한 성취감이 절실히 느껴졌습니다. 이게 바로 권력이에요. 그리고 이렇게 스스로를 넘어서려는 의지를 '동화'라고 합니다. 모든 생명체는 동화의 의지를 가지고 있어요.

이런 개념들은 서양 형이상학을 관통합니다. 고대 그리스에서는 권력을 'dynamis(디나미스)'라고 표현했습니다. 이 말은 역동적이라는 뜻의 영어 단어 'dynamic'으로 남아 있잖아요. 외국 사람들이 한국에 오면 사회가 살아 있고 활기 넘친다고 해요. 한국 사회가 경쟁이 너무 심하긴 하지만, 그래서 활기가 때로는 살기처럼 느껴지기도 하지만 활력이 넘친다는 건 좋은 거잖아요. 또 다른 표현으로 'energeia(에네르게이아)', 즉 'energy'라고 했어요. 모든 물체는 에너지를 가지고 있습니다. 무엇인가를 일어나게 하는 힘, 그것이 에너지입니다. 내면에 가지고 있는 권력입니다. 이렇게 권력은 무엇인가를 일어나게 하는 힘이고, 권력이 있어야 우리가 창조를 합니다.

권력은 어떤 속성이 있을까요? 먼저 권력은 '저항'이 있어야 실현됩니다. 주인이 명령을 하는데 노예가 아무 표정도 없이 따르면 주인은 재미없어합니다. 얼굴에 싫은 빛이 있어야 싫어도 하게 될 거라고 생각하며 권력 감정을 느끼는 거예요. 매우 단단한 물체를 주먹으로 때린다고 합시다. 그러면 제 주먹이 깨지겠죠? 그만큼 이 물체의 저항이 주먹의 힘보다 크다는 것이겠죠. 제가 힘을 가지고 있다는 것을 어떻게 알수 있습니까? 저항을 통해서 압니다. 복종하는 자도 저항할 수 있다면, 권력은 권력의지가 충돌할 때 비로소 나타나는 것입니다.

또한 권력은 다양한 세력의 '관계'입니다. 관계가 형성되지 않고는 권력을 행사할 수 없습니다. 그래서 '두 사람 이상만 모이면 그 순간 권력이 작동한다'고 합니다. 친구나 연인 사이에는 권력이 없을까요? 거기에도 밀고 당기기가 있죠. 권력은 항상 자기가 원하는 방향으로 관계를 만들고자 하는 경향이 있습니다. 이게 없으면 권력을 가지고 있는 게 아니에요.

끝으로, 권력은 통일적 '질서'입니다. 우리가 권력 있는 집단을 기득권 세력이라고 하잖아요. 기득권 세력이 강한 이유는 그 자체가 안정적 질서를 이루고 있기 때문입니다. 기득권 세력을 전복시켜서 새로운 사회를 만들고자 할 때에도 통일적인 힘이 있어야 합니다. 어떤 정치 세력이 여러 자원을 동원하여 기존의 세력을 전복시키고 권력을 잡는 데성공했다고 하더라도 이 권력을 계속 유지하려면 통일적 질서가 반드시 필요합니다. 통일적인 힘을 밑받침하는 가장 핵심적인 것은 가치입니다. 많은 사람이 동의할 수 있는 가치를 제시하지 못하면 어떤 권력도 오래가지 못합니다. 그렇기 때문에 우리 사회가 궁극적으로 어떤 가치를 추구하는가는 매우 중요한 문제입니다.

따라서 권력은 항상 새롭게 해석됩니다. 천년만년 갈 것 같던 제국이

한순간에 무너지는 것은 권력관계의 변화를 제대로 읽지 못했기 때문입니다. 한때는 권력이 있었는데 지나고 보니 권력을 행사하기는커녕 오히려 자신이 복종하는 처지로 변한 것을 종종 경험하죠. 연애할 때와는 달리 결혼을 하고 애를 낳고 보니까 완전히 관계가 역전되었다는 이야기를 하잖아요. 이 말은 권력은 항상 새롭게 해석되고 만들어지는 것이라는 의미를 담고 있어요. 권력을 가지고 있는 자가 늘 권력을 가지는 것이 아닙니다. 그래서 우리는 관계를 끊임없이 해석해야 합니다.

니체가 여기서 또 한 번 반전을 일으킵니다. 그렇다면 이 세상에 누가 가장 많은 권력을 가진 자일까요? 권력의 사다리를 살펴보면 아주 재미있는 현상을 발견할 수 있어요. 맨 밑에서 복종하는 사람은 항상 명령하는 자로부터 자유로워지려고 하죠. 자유를 추구하는 자들은 권력관계에서 가장 약자라고 이야기합니다. 한편 권력이 비슷비슷한 사람들 간에는 정의로운 관계를 유지하려고 해요. 그리고 가장 권력을 많이 가지고 있는 사람은 권력이 흘러넘쳐 상대방이 아무리 저항하고 복종하지 않는다고 할지라도 그를 관용하고 허용할 수 있을 정도의 넉넉한 힘을 가지고 있는 사람이라고 말합니다. 사랑할 수 있을 정도로 자유로운 자가 최고의 권력자인 거죠.

니체가 기독교적 가치인 사랑을 노예 도덕이라고 비판했다는 사실을 생각하면 그의 말이 모순적인 것처럼 들릴 수도 있습니다. 기독교적 사랑은 힘없는 자들이 스스로를 방어하기 위해 내세우는 이데올로기로서의 사랑이라면, 니체의 사랑은 힘을 기초로 한 사랑입니다. 권력에의 의지의 관점에서 새롭게 해석하면 진정한 권력자는 사랑할 줄 아는 자라는 거예요. 힘없는 자는 자유를 요구하고, 힘 있는 사람만이 진정한

인간은 아무것도 의욕하지 않기보다는
오히려 허무를 의욕하고자 한다.

《도덕의 계보》 중에서

의미에서 자유로울 수 있습니다.

여러분도 이런 경험을 해보지 않으셨습니까? 상대방이 부럽거나 미울 때는 서로 권력관계가 비등비등한 거예요. 나보다 월등한 사람에 대해서는 시기와 질투를 하지 않습니다. 엘리자베스 여왕이나 스티브 잡스는 질투하지 않지만 친구가 가지고 있는 물건, 친구가 지닌 능력에 관해서는 질투를 합니다. 그런데 진정으로 권력이 흘러넘치는 사람은 시기도 질투도 하지 않습니다. 다 허용하고 관용합니다. 이는 능동적인 의미의 사랑이에요. 기독교적인 사랑은 반동적이고 수동적인 의미이며, 그냥 교리를 따를 뿐이라는 거죠. 이것이 프리드리히 니체의 반전입니다.

니체는 이렇게 이야기합니다. "너희의 삶은 권력에의 의지다. 부정하려야 부정할 수가 없다. 이것이 제거된다면 너는 살아 있는 것이 아니다." 욕망이 문제라고 이야기하는 사람도 있습니다. 권력이 싫다고 이야기하는 사람도 있어요. 그런데 니체는 "인간은 아무것도 의욕하지 않기보다는 오히려 허무를 의욕하고자 한다."[10]고 표현합니다. 우리 인간은 항상 무엇인가를 원한다는 거죠. 욕망을 극복하고 득도를 하고자 할 때에도 실제로는 욕망이 없는 상태를 욕망한다는 거예요. 이것이 우리의 삶입니다.

물론 우리는 권력을 떨쳐버리고 권력에의 의지가 작동하는 이전투구의 세계로부터 벗어나서 모든 사람이 평등하게 인정받고 평가받는 사회가 존재할 거라는 환상을 가질 수도 있습니다. 하지만 우리가 꿈꾸는 유토피아는 결코 권력의지를 제거함으로써 실현될 수 없습니다. 이 세상의 폭력과 권력을 제거하기 위해서는 '마지막으로' 폭력을 행사할 수밖에 없다는 종말론적 시도들은 모두 끔찍한 결과를 가져왔습니다. 그렇다면 권력의지를 긍정함으로써 실현될 수 있는 유토피아는 어떤 것일까요? 니체는 "너의 내면을 들여다봐라. 그 자체가 권력에의 의지다. 그것을 직시하고 그것을 있는 그대로 받아들일 때, 오히려 네가 부정적으로 생각하는 것을 극복할 수 있는 힘을 얻게 될 것이다."라고 이야기합니다. 그러니 우리는 일단 권력의지를 인정해야 합니다. 니체적 의미의 '권력인'이 되어 이제까지 성취한 것을 극복하고 한 단계 더 성장할수 있는 새로운 가치를 창조해야 합니다.

Friedrich

초인, 너 자신을 넘어서라

Nietzsche

사랑과 동경과 창조와 별, 초인

만약 신이 죽었다면, 이제까지 2000년 동안 신을 향했던 시선이 어디로 향해야 하는 걸까요? 이제까지 만물을 주재하고 세계를 관장하던 절대적인 신이 죽었다면, 우리는 과연 무엇에 의지해야 할까요? 니체는 이렇게 말합니다. "네가 이제까지 천상의 가치를 추구했다면 이제 그 시선을 너 자신에게 돌려라." 우리는 지금까지 하늘만 봤어요. 그런데 지상을 내려다보라는 거예요. 지상에서 열심히 살아가고 있는 우리 자신의 모습을 바라보게 되는 거죠. "삶을 내면으로부터 깊이 성찰하고 들여다본다면 너는 틀림없이 네 안에 꿈틀대고 있는 권력에의 의지를 인정할 것이다." 이것이 니체가 말하는 권력에의 의지의 핵심입니다. 우리는 우리가 가지고 있는 권력에의 의지를 신뢰할 수밖에 없습니다. 그렇다면 이 권력에의 의지를 가지고 우리가 어떻게 살아가야 할까요?

니체라는 이름으로 자연스럽게 연상되는 개념 중 하나가 '초인(위버멘쉬)'입니다. 먼저 니체의 목소리를 직접 들어보겠습니다. "나는 너희에게 위버멘쉬(Übermensch)를 가르치노라. 사람은 극복되어야 할 그 무엇이다. 너희는 너희 자신을 극복하기 위해 무엇을 했는가? 지금까지 존재하는 모든 것은 그들 자신을 뛰어넘어, 그들 이상의 것을 창조해왔다. 그런데도 너희는 이 거대한 밀물을 맞이하여 썰물이 되기를, 자신을 극복하기보다는 오히려 짐승으로 되돌아가려 하는가?"[1] 인간은 극복되어야 할 그 무엇이라는 것이 초인 사상의 핵심 문제입니다.

신이 죽고 절대적 가치가 사라진 시대에 우리가 의지하고 신뢰할 수 있는 것이 권력에의 의지라고 한다면, 이 세상에서 살아갈 수 있는 삶의 양식은 두 가지밖에 없다고 이야기합니다. 하나는 초인의 삶의 양식이고, 다른 하나는 최후의 인간 또는 마지막 인간의 삶의 양식입니다. 도대체 초인과 최후의 인간이 누구인지, 그들의 삶의 양식이 무엇인지 의문이 듭니다.

초인 사상을 설파한 니체의 저서 《차라투스트라는 이렇게 말했다》는 이렇게 시작합니다. 서른 살에 산으로 들어가서 10년간 절대적인 고독 속에서 세계의 이치를 깨우친 차라투스트라는 산에서 내려와 시장으로 내려갑니다. 오늘날 삶과 사회의 중심은 두말할 나위 없이 시장입니다. 시장은 많은 사람이 자기의 이익을 위해 물건을 사고팔거나, 상대방을 속이고 기만하기도 하는 장소입니다. 차라투스트라는 이해관계와 권력 의지의 장소인 시장에서 이렇게 이야기합니다. "내가 너희에게 새로운 인간 유형을 보여주겠다. 그것은 다름 아닌 초인이다. 그런데 너희가 지금 살고 있는 모습은 최후의 인간과 같다." 이 말을 들은 사람들의 반

나는 너희에게 위버멘쉬를 가르치노라.
사람은 극복되어야 할 그 무엇이다.
너희는 너희 자신을 극복하기 위해 무엇을 했는가?

《차라투스트라는 이렇게 말했다》 중에서

응이 매우 재미있어요. 시장에 모여 있던 수많은 사람은 초인 이야기를 듣고 나서 차라투스트라에게 이렇게 말합니다. "차라투스트라여, 초인 은 당신이나 되십시오. 우리는 기꺼이 최후의 인간이 되겠습니다."

니체가 차라투스트라의 입을 빌려 초인을 설파하는데 잘 먹히지 않 아요. 군중은 별로 이해되지 않는 초인을 매력적으로 생각하지 않은 거 예요. 그냥 최후의 인간의 모습으로 살아가는 것이 훨씬 더 좋을 것 같 다고 생각합니다. 여기서 우리는 헷갈리기 시작합니다. 초인인가, 아니 면 최후의 인간인가? 이 물음에 대답하기 위해 우리는 먼저 21세기를 살아가는 현대인의 모습이 어떤지 자화상을 그려볼 필요가 있습니다. 그리고 초인의 실존 양식, 삶의 양식은 도대체 어떤 것인지를 살펴보겠 습니다. 마지막으로 초인의 삶의 양식을 따르려면 어떻게 자기 극복을 해야 하는지를 성찰해보도록 하겠습니다.

니체는 21세기 인간의 자화상을 '최후의 인간(Der letzte Mensch)'이 라고 합니다. 그렇다면 최후의 인간은 도대체 어떤 모습으로 나타날까 요? 현대인들은 모두 스스로를 고유한 정체성을 가진 개인으로 이해하 고 있지만, 군중 속에서 개개인의 모습을 구별하기는 어렵습니다. 군중 속에서는 개성이 없어져버리죠. 이런 관점에서 보면 니체의 '최후의 인 간'은 '개성이 없는 인간'으로 정의될 수 있습니다. 무리 속의 사람들은 항상 군중심리에 빠져 예측할 수 없는 행동을 하기도 합니다.

자본주의사회의 군중이 그렇습니다. 경작지를 순식간에 쑥대밭으로 만드는 메뚜기 떼를 경험한 적이 있나요? 어느 문학작품에 이런 장면 이 회화적으로 서술되었습니다. "하늘에 검은 구름처럼 지평선에 걸려 있다가, 이윽고 부채꼴로 퍼지면서 하늘을 뒤덮었다. 그들이 내려앉은 곳은 잎사귀를 볼 수 없고, 모두 졸지에 황무지로 돌변했다." 이해관계에 따라 움직이고 자신의 이익만을 추구하는 군중은 지상을 뒤덮고 있는 메뚜기 떼처럼 바뀝니다. 메뚜기 떼는 조그마한 먹이까지 달려들어 남김없이 싹 긁어먹어요. 2008년에 세계 금융 위기가 터지고 월 스트리트가 파국에 도달했을 때 경영자들은 오히려 훨씬 더 많은 연봉을 받고 보너스 잔치를 했잖아요. 그때 사람들은 자본주의의 문제점에 관해 다시 생각하게 되었습니다. 그리고 언론은 사리사욕만 채우고 공동의 가치를 내팽개친 이들을 일컬어 메뚜기 떼와 같다고 이야기했어요.

니체는 《차라투스트라는 이렇게 말했다》에서 훨씬 더 가혹한 말을 합니다. 메뚜기에 비유하는 것이 아니라 독파리에 비유해요. "고독이 멈추는 곳, 그곳에서 시장이 시작된다. 그리고 시장이 시작되는 곳, 그곳에서 위대한 배우들의 소란이 시작되며 독파리들이 윙윙대기 시작한다."[2] 시장은 배우와 독파리 떼의 소음으로 가득 찬 곳입니다. 스스로를 감추면서 자기 이익만을 추구하는 곳이 바로 시장입니다. 어떤 삶의 양식이 시장을 지배할까요? 과거에는 공동의 가치를 존중하고 더불어 살 수 있는 삶의 양식도 추구했는데, 이제는 개인만이 중요하고 자기의 이익을 극대화하기 위해 물불을 가리지 않는다는 거예요. 이런 태도가 독파리의 삶의 양식이고, 이것이 최후의 삶이라고 보는 거죠.

우리는 허무주의 시대를 살아가기 위해 어떤 형태로든 나름의 실존양식을 발전시킬 수밖에 없습니다. 그래서 니체는 신이 죽고 난 후에 우리가 가질 수 있는 대안은 초인이 되든가, 최후의 인간이 되는 거라고 이야기한 거예요. 우리는 초인이면서 동시에 최후의 인간일 수는 없습니다. 초인과 최후의 인간은 대립적입니다. 천상의 가치가 붕괴되었을 때 우리는 지상으로 내려올 수밖에 없습니다. 그리고 지상에서 살기 위해서는 새로운 가치를 만들어내야 합니다. 그러기 위해서 우리는 우리 삶의 터전인 대지의 모습을 올바로 파악해야 합니다. 우리가 추구하는 세속적인 가치를 돌이켜보고 성찰하고 반성하다 보면 두 가지 삶의 양식 중에서 올바른 선택을 할 수 있습니다.

초인과 최후의 인간은 무엇으로 구별이 될까요? 《차라투스트라는 이렇게 말했다》를 보면 이런 대목이 나옵니다. "너희는 여전히 사랑을 정말 중시하는가? 이제까지 이 세계를 지배해왔던 낡은 가치를 파괴하고 새로운 가치를 창조하려고 하는가? 무엇인가를 동경하는가?" 어떤 사회학자들은 요즈음을 사랑이 끝난 시대라고 이야기합니다. 우리는 창조의 문제까지 신경 쓸 겨를이 없어요. 새로운 것을 창조하기보다는 있는 것을 유지하는 데 관심이 많습니다. 현대인들은 자신들이 최고의 가치로 여기는 행복이 '가지고 있는 것'에서 나온다고 생각해요. 그러기에 무엇인가를 이루고자 하고 성취하고자 하는 동경도 없습니다. 그래서 니체는 비유적으로 이렇게 이야기합니다. "현대인은 가슴에 아무런 별도 품고 있지 않을 뿐만 아니라, 새로운 별을 잉태할 수도 없다."

니체가 초인을 소개하면서 사랑과 창조와 동경과 별을 이야기합니다. 그러자 최후의 인간, 시장에 모여 있는 군중이 차라투스트라에게 당신이나 그렇게 살라고 말하는 듯이 지긋이 웃습니다. 여기서 '지긋이 웃는다'는 부분이 인상적이에요. 차라투스트라가 동경을 이야기하면 군중은 행복이 있다고 말하며 지긋이 웃습니다. 비웃음같이 보이죠.

초인이 추구하는 가치, 사랑과 창조와 동경과 별은 무엇을 의미할까요? 목표를 맞히기 위해 활을 겨누고 있는 모습을 생각해보세요. 과녁에 명중시키려면 활을 목표보다 높게 겨냥해야 합니다. 아무런 동경과 이상과 별을 가지고 있지 않은 사람은 현실의 본질을 꿰뚫어 보지 못해요. 사람들은 철학이 하늘 위의 이상만을 추구하기 때문에 현실적 문제를 간과한다고 비판하곤 합니다. 하늘의 별만 보다가 바로 코앞의 물구덩이를 보지 못하고 빠져버린 탈레스를 비웃는 트라키아의 하녀처럼, 우리는 철학과 인문학을 경시합니다. 그러나 이상을 갖지 않으면 현실을 보지 못합니다. 현실에 만족하는 사람이 어떻게 현실의 문제점을 제대로 파악할 수 있겠습니까. 이처럼 자신 위로 동경의 화살을 쏘지 못하는 사람, 그가 바로 최후의 인간입니다. 이익만 추구하고 메뚜기 떼처럼 지상의 작은 곤충이 되어 이리저리 뛰어다니며 행복하다고 스스로 안위하는 존재, 그가 바로 최후의 인간입니다.

최후의 인간이 추구하는 가치는 이렇습니다. 교육을 잘 받아 행복한 삶을 살 능력을 갖추고, 건강하게 살며 일을 잘하려고 해요. 거리에서 흔히 만날 수 있는 21세기의 보편적인 사람들입니다. 이 사람들은 천상의 구원을 더 이상 믿지 않고 지상의 세속적 가치만 추구하면서 현재 상태에 만족합니다.

초인은 누구인가

최후의 인간이 우리의 자화상이 아닐까요? 니체는 이에 대항할 수 있는 새로운 인간 유형을 제시합니다. 우리에게 초인이 되라고 이야기합니다. 최후의 인간은 스스로를 파멸시킬 수 있는 삶의 양식에 불과하다고 이야기합니다. 초인은 독일어로 '위버멘쉬(Übermensch)'라고 합니다. '위버(über)'는 무엇을 넘어서라는 뜻이고, '멘쉬(Mensch)'는 인간이라는 뜻입니다. 현재의 인간 유형을 극복할 수 있는 인간, 최후의 인간 다음에 나올 수 있는 새로운 인간 유형이 바로 초인입니다.

우리는 초인을 진화론적으로 해석할 수도 있습니다. 진화론은 인간이 유인원으로부터 진화했다고 설명하죠. 지금으로부터 약 160만 년 전 홍적세에 살았던 유인원 '호모에렉투스'(Homo erectus)에서 시작하여 여러 단계를 거쳐 현생 인류가 약 20만 년 전에 출현했다고 합니다. 우리가 20만 년 전의 유인원을 원숭이처럼 보듯, 20만 년 후의 미래 인간은 오늘날의 우리 모습을 보며 원숭이라고 생각하지 않을까요? 그럴 가능성이 충분합니다. 그렇다면 니체는 진화론적 관점에서 현재 인간 유형이 사라지고 난 다음 이 지상에서 살게 될 인간 유형을 '초인'으로 그린 걸까요?

다른 해석의 가능성이 있습니다. 초인에 대한 과학적·기술적 해석이 있습니다. 진화론적 해석처럼 인간이 진화하는 과정에서 마지막 단계에 이르면 일종의 사이보그(cyborg)가 나타난다는 거예요. 사이보그는 사이버네틱스(cybernetics)와 생물(organism)의 합성어로, 기계와 생물의 결합체를 말하는데요. 인간이 발전된 과학과 기술의 힘을 빌려 자연적으로 가지는 능력보다 훨씬 더 많은 능력을 가진 인간이 태어날 수도 있다는 말입니다.

이런 관점에서 최근에 일련의 철학자들이 '트랜스휴머니즘(trans-humanism)'이라는 새로운 개념을 만들어냈어요. 전통적으로 발전된 인간 중심의 휴머니즘을 넘어 과학과 기술의 진보로 말미암아 새로운 휴머니즘이 발전할 것이라고 예측합니다. 만약 인공지능을 갖춘 로봇이 출현한다면 인간과 로봇의 차이는 과연 무엇일까요? 인류가 과학과 기술의 힘으로 수명을 무한히 연장할 수 있을 뿐만 아니라 이제까지는 단지 꿈으로만 여겼던 불로장생을 실현할 수 있는 시대가 열릴 것이라고 트랜스휴머니스트들은 주장합니다. 이들은 초인을 설파한 니체가 트랜스휴머니즘의 사상적 원조라고 말합니다. 저는 이들의 말에 동의하지는 않지만 이제까지의 것을 극복하고 넘어서고자 하려는 의지가 인간의 고유한 속성이라는 점은 인정할 수밖에 없습니다.

과학과 기술이 진보하면 인간은 생리적·물리적으로 훨씬 더 건강하게 잘 살 수 있어요. 평균 수명도 늘어나죠. 나이가 드신 분들은 치매를 많이 걱정하시는데, 현대 의학은 기억력을 활성화시켜주는 약물을 개발하고 있습니다. 인간이기 때문에 가질 수 있는 수많은 고통을 없애주고 감정을 통제할 수 있는 기술도 발전시키고 있어요. 현대 의학이 주는 혜택은 일일이 열거할 수 없을 정도입니다. 과학과 기술의 힘을 빌리면 우리는 지금보다 훨씬 더 강력한 능력을 가진 차세대 인간을 만들 수 있을 겁니다. 그런데 이런 사이보그와 트랜스휴머니즘이 니체가 이야기한 초인일까요?

세 번째로 초인에 대한 이상주의적 해석이 있습니다. 인류의 역사, 인류가 남긴 이야기를 돌아보면 롤모델로 삼고 싶은 위인들이 있잖아요. 예를 들면 그리스 신화에서 인간에게 불을 선사한 프로메테우스, 지략과 전략의 대가이자 전술의 신이라 할 나폴레옹, 마키아벨리가 칭송한 르네상스의 대표적 군주 체사레 보르자 같은 인물들이 있습니다. 인류의 역사에 커다란 족적을 남긴 사람들, 비범한 재주와 능력을 가진 사

'위버멘쉬'라는 말은 최고로 잘되어 있는 인간 유형에 대한 명칭이며
현대인, 선한 자, 그리스도 교인과 다른, 허무주의자들과는 반대되는 말이다.

《이 사람을 보라》 중에서

람들, 새로운 역사를 만든 사람들. 이들이 니체가 말하는 초인일까요?

그런데 니체는 이렇게 이야기합니다. "'위버멘쉬'라는 말은 최고로 잘 되어 있는 인간 유형에 대한 명칭이며 현대인, 선한 자, 그리스도 교인과 다른, 허무주의자들과는 반대되는 말이다. 도덕 파괴적인 차라투스트라의 입에서 이 말이 나오면 아주 숙고할 만한 말이 된다. 그런데 거의 모든 곳에서 그 말의 가치가 차라투스트라의 형상에서 드러나는 것과는 정반대의 의미로 순진하게 이해되고 있다."[3] 초인은 현대인의 반대말이라고 합니다. 현대인은 도대체 동경할 줄도 모르고 꿈도 없기에, 현대인의 정반대 사람이 초인이라는 말이죠. 이런 관점에서 보면 성자, 천재, 위인과 같이 이상적 유형만을 초인이라고 할 수 없음은 분명합니다.

지금까지 언급한 진화론적 해석, 기술적 해석, 이상주의적 해석은 모두 니체가 이야기한 초인을 제대로 파악하고 있지 않습니다. 그렇다면 초인은 도대체 무엇인가? 이렇게 이해할 수 있습니다. 형이상학적 가치와 결별한 사람, 우리가 늘 가까이 접한 일상적 가치를 폄훼하고 천상의 가치를 주장한 수많은 사람과 반대되는 입장의 실존 양식을 가지고 있는 사람이 초인입니다. 형이상학적 가치, 천상의 가치를 부정함으로써 새로운 가치를 만들어낼 능력을 가진 자가 초인이에요. 여기서 새로운 가치와 창조에 방점이 찍혀 있습니다. 그래서 니체는 "초인은 자신을 넘어서는 무엇인가를 창조한다."라고 말합니다. 자기 자신을 넘어서는 무엇인가를 창조할 능력을 가졌다면 물리적으로 힘이 세지 않고, 대단한 업적을 이루지 못하며, 사이보그처럼 영원히 살 수 없을지라도 그 사람은 초인입니다.

심장의 목소리를 들어라

자신을 넘어서는 무엇인가를 창조하려면 끊임없이 자기 자신을 돌아봐야 합니다. 오르기 위해서는 내려갈 줄 알아야 하고, 나아가기 위해서는 돌아설 줄도 알아야 합니다. 우리는 앞서 권력에의 의지의 운동 구조를 살펴보았습니다. 자신의 권력을 확대하고 증대시키기 위해서는 먼저 나의 권력이 어느 정도인지를 확인해야 합니다. 끊임없는 자기 확인은 근본적으로 자기 성찰입니다. 우리는 내면으로 시선을 돌릴 줄 알아야 합니다. 서양에서 기독교적 세계관, 형이상학적 가치관이 지배하던 시대에는 항상 인간의 시선이 자신이 아닌 신(神)을 향했습니다. 아래는 보지 않고 위만 보았습니다. 그런데 시선을 돌려 자신을 돌아보니까 비로소 나도 몰랐던 내 모습이 보이는 거예요. 자신의 내면을 들여다보고 그 안에서 발견한 자기를 극복할 줄 알아야 비로소 새로운 나를 만들고 새로운 가치를 창조할 수 있습니다. 시선의 혁명적 전환을 요구하는 니체의 말은 실로 간단합니다. "너 자신을 넘어설 수 있는 가치를 끊임없이 만들어라. 창조해라. 그것이 대지의 의미이고 존재의 의미다."

이제껏 여러분의 삶을 지탱한 핵심적 가치는 무엇이었습니까? 공부 열심히 해서 좋은 직장을 얻고, 좋은 반려자를 만나고, 행복하게 살아야겠다고 생각했을지 모르겠습니다. 이렇게 생각하면 졸지에 '메뚜기'가 되는 거예요. 최후의 인간은 성공만 추구하지 가치를 모릅니다. 니체는 새로운 가치가 자신의 존재와 실존의 감정에 엄청난 가치를 부여할 것이라고 말합니다. 이 새로운 가치가 존재의 의미이자 대지의 의미라고 이야기해요.

그런데 니체는 왜 뜬금없이 '대지의 의미(the meaning of the earth)'를 거론하는 것일까요? 대지는 우리가 살아가고 있는 삶의 터전을 의미합니다. 지상에는 수많은 생명체가 있습니다. 다원성을 기반으로 하는 대지에서 우리는 늘 다양한 감정과 충동을 경험합니다. 니체는 이런 것들을 인정하라고 합니다. 과거의 형이상학적 가치들은 이런 다양성에 주의를 기울이지 않았는데, 21세기에는 이 다양성 자체가 중요해졌습니다. 그래서 초인이 되면 삶의 중심을 다시 찾게 되고 주위를 둘러싸고 있는 사물에 의미를 부여하기 때문에 이전까지는 몰랐던 세계를 만나게 된다는 것이 '대지의 의미'입니다. 니체는 차라투스트라의 입을 빌려 "대지에 충실하라. 하늘나라에 대한 희망을 설교하는 자들을 믿지 말라!"⁴라고 이야기합니다. 우리는 일정 기간을 살다 죽는 유한한 존재이고, 우리 주위를 둘러싸고 있는 사물 또한 유한한 존재입니다. 여기에 의미를 부여하라는 말이에요.

이제 우리의 삶에는 두 가지 양식이 있다는 것이 분명해졌습니다. 초인과 최후의 인간은 특정한 사람들을 지칭하는 것이 아닙니다. 그것은 '실존 양식'을 의미합니다. 초인의 실존 양식과 최후의 인간의 실존 양식이 있는 것이죠. 초인이라는 말을 들으면 나폴레옹 같은 특정한 인물을 떠올리지 마시길 바랍니다. 최후의 인간도 결코 모든 것을 포기하고 향락에 빠진 방탕한 사람이 아닙니다. 초인과 최후의 인간은 일종의 라이프 스타일과 비슷해요. 삶의 방식, 삶의 양식을 의미합니다.

최후의 인간은 새로운 가치를 창조할 능력이 없기 때문에 시장과 거리의 사람들이 좋다고 생각하는 가치들을 좇아갑니다. 열심히 좇아가요. 자기만의 개성을 가진 것이 아니라 대중적 가치를 따릅니다. 유행에 민감합니다. 그리고 어떤 사태를 능동적으로 극복함으로써 희열을 느끼는 것이 아니라, 그냥 주어진 상태에 만족하는 거예요. '21세기에 가장 중요한 것은 돈이다.' 또는 '직업은 필수이고 결혼은 선택이다.' 등과 같이 남들이 추구하는 가치를 믿는 거예요. 수동적 만족이에요. 그렇기 때문에 행복한 상태를 원합니다. 예를 들면 아침에 일어나서 맛있는 브런치를 먹고, 멋진 자동차를 타고, 좋아하는 사람과 자연을 느끼고, 저녁에 집에 돌아와 함께 담소를 나누는 것을 행복한 상태로 상상할 수 있어요. 이 상태가 나쁜 것은 아니지만 이런 상태적 만족을 추구하는 사람들에게 미래에 대한 동경이 없기 때문에 최후의 인간이라고 말할 수 있습니다.

이와 반대되는 초인의 실존 양식이 있습니다. 이 실존 양식은 유혹적인 것이 아니라 위험한 것일지도 모르겠습니다. 니체 역시 "실존의 가장 커다란 결실과 향락을 수확하기 위한 비결은 다음과 같은 것이기 때문이다. 위험하게 살아라!"[5]라고 말했는데요. 초인의 실존 양식이 위험한 이유는 자기가 스스로 가치를 창조해야 하기 때문입니다. 다른 사람들이 모두 좋다고 하는 평탄한 길을 거부하고 자기만의 길을 개척하면서 자기만의 가치를 갖고 산다는 것은 엄청나게 힘든 겁니다.

초인은 삶을 능동적으로 추구합니다. 그리고 이들은 무엇을 획득했을 때 행복을 찾지 않습니다. 예를 들어 멋진 사람과 만나 결혼한 것 자체로 행복해지지 않는다는 말이에요. 함께 살아가는 과정이 행복이라는 거죠. 목표에 도달한다고 행복해지는 것이 아닙니다. 현대인들은 과정보다는 결과를 중시하지만, 니체는 창조의 과정을 아주 중시합니다. 자신을 넘어서는 그 무엇(something beyond oneself)에서 '넘어선다는 것

(beyond)'이 중요한 거죠.

새로운 가치를 창조하려면 무엇이 필요할까요? 기존의 관점에서 일탈하는 행위가 필요합니다. 창조와 광기는 어떤 점에서는 서로 연결되어 있어요. 새로운 패러다임을 제시하고, 우리 사회를 새롭게 이끌어가는 사람들은 조금 미친 사람들이잖아요. 창조적이 되려면 조금은 미쳐야 해요. 미치지 않고서는 미치지를 못합니다. 어떤 성과를 내지 못해요. 목표에 도달하지 못합니다. 여기서 미친다는 것은 통상적인 관점에서 밀쳐졌다는 것, 벗어났다는 것을 의미합니다.

이게 얼마나 위험한 여정입니까? 니체는 이 여정을 광대의 줄타기에 비유합니다. "사람은 짐승과 초인 사이를 잇는 밧줄, 하나의 심연 위에 걸쳐 있는 하나의 밧줄이다. 저편으로 건너가는 것도 위험하고, 건너가는 과정, 뒤돌아보는 것, 벌벌 떨고 있는 것도 위험하며 서 있는 것도 위험하다. 사람에게 위대한 것이 있다면, 그것은 그가 목적이 아니라 하나의 교량이라는 점이다. 사람에게 사랑받아 마땅한 것이 있다면, 그것은 그가 하나의 '넘어가는 과정'이요, '내려가는 과정'이라는 점이다."[6]

사람에게 위대한 것이 있다면, 그것은 그가 목적이 아니라 항상 자신을 넘어서는 창조 과정의 교량 역할을 한다는 데 있습니다. 자신을 넘어서기 위해서는 두 가지 과정이 필요합니다. 먼저 넘어가는 과정, 새로운 가치를 창조하는 과정이 필요합니다. '오버고잉(over-going)'이라고 합니다. 등산할 때 오르는 과정을 생각해보면 좋습니다. 이를 위해서는 자기가 딛고 있는 대지의 형세, 대지의 지형, 대지의 속성을 정확하게 알아야 합니다. 그런데 산을 오르기 위해서는 현실을 확인하는 '다운고잉(down-going)'을 할 줄 알아야 해요. 내려갈 줄 알아야 합니다.

사람에게 위대한 것이 있다면,
그것은 그가 목적이 아니라 하나의 교량이라는 점이다.
사람에게 사랑받아 마땅한 것이 있다면,
그것은 그가 하나의 '넘어가는 과정'이요, '내려가는 과정'이라는 점이다.

《차라투스트라는 이렇게 말했다》 중에서

근데 우리는 올라가려고만 합니다. 그게 문제인거죠.

창조하는 자는 추구해야 할 목표를 제시합니다. 목표는 주어진 게 아니에요. 스스로 걸어가는 과정에서 목표를 만들어냅니다. 저는 청소년에게 이런 말을 꼭 해주고 싶은데요. 어떤 일을 하면서 한계가 보이고 새로운 목표가 안 보인다고 생각할지도 모르겠지만, 그 일이 하나의 과정일 수도 있어요. 현재 목표가 안 보인다고 그만두면 발전이 없습니다. 목표를 향해 오르고 내려가는 과정을 반복하다 보면 지금은 안 보이던 경치와 풍경이 새롭게 나타납니다. 눈앞에 계곡이 있어서 그 뒤에 아무것도 없는 것같이 보이지만, 그 구비를 돌아서면 멋진 경치가 펼쳐집니다. 그러니까 목표는 과정에서 만들어진다는 이야기죠. 과정에 의미를 부여하고 사랑하다 보면 우리가 살아 있는 자체가 커다란 희열이 될 수 있습니다. 우리는 삶은 죽음을 향해 달려가지만 죽으려고 살지는 않잖아요. 그런데 많은 사람은 무엇인가를 이루겠다는 허상의 목표 때문에 삶의 과정을 즐기지 못하는 경향이 있습니다.

저는 스스로를 능동적 허무주의자라고 생각합니다. 이 세상에는 실제로 아무런 목표도 없고 의미도 없다고 생각해요. 그렇지만 그것이 저에게 비극적 사건은 아니라는 거죠. 살아가는 것 자체에 의미를 부여하고, 순간에 의미를 부여합니다. 실존 자체가 존재의 이유인 거죠. 그러기에 스스로 미래를 약속할 수 있는 사람이 되는 것이 중요합니다. 사랑을 해보신 분들은 알아요. 아침에 일어나서 학교에 가는 길, 직장에 가는 길이 너무 익숙하여 도중에 마주치는 사물들이 하나도 눈에 들어오지 않았는데, 사랑을 하는 순간 우리에게 새로운 빛으로 다가옵니다. 나무 한 그루, 돌부리 하나가 아주 새롭게 느껴집니다. 이것이 니체가 원하는 거예요. 사물이 바뀌는 것이 아니라 내가 바뀌는 겁니다. 내가 변화함으로써 세계가 달라집니다. 이렇게 우리는 무엇이 가치 있는 일인지를 알게 됩니다.

신이 있던 시대, 신을 믿었던 시대에도 우리는 가치를 추구했어요. 그러나 그것은 우리가 감히 실현할 수 없고 인식조차 할 수 없는 초월적 가치였습니다. 우리 삶의 모든 것이 이러한 초월적 가치를 중심으로 이루어졌죠. 그것이 삶에 의미를 부여했어요. 그러면 오늘날에는 그런 초월적 가치가 필요 없는 걸까요? 아니죠. 니체는 '초월적 가치'의 의미를 재해석합니다. 오늘날의 초월적 가치는 하늘을 향하는 것이 아니라 우리 자신과 우리가 살고 있는 이 세상을 바라본다고 이야기합니다. 전통 형이상학은 우리가 살고 있는 이 세계를 넘어서 다른 세계가 실제로 존재한다고 전제했습니다. 신이 실제로 존재한다고 믿었습니다. 신이 죽고 초월적 세계가 존재하지 않는다고 해서 초월의 의미마저 사라지는 것은 아닙니다. 신이 없는 시대에도 신성함은 있을 수 있습니다. 신이 없는 시대, 신이 죽은 시대에도 종교심은 있을 수 있어요. 어떤 사람이 경건하고, 어떤 사람이 종교적이고, 어떤 사람이 신앙심을 가질 수 있을까요? 니체에 의하면 자기 자신을 넘어서고자 하는 사람, 그런 사람은 경건한 사람이고 신성한 사람이고 건강한 사람입니다.

이처럼 끊임없이 자기가 이루어놓은 상태를 넘어서고자 하는 태도를 체화한 인간 유형의 실존 양식이 바로 초인, 위버멘쉬입니다. 그런데 초인은 자기 극복을 해야 하고, 자기 극복을 하기 위해서는 가치를 창조할 줄 알아야 한다고 했는데요. 이 가치는 어떤 가치일까요? 자기를 긍정하고, 살고 있는 이 세상을 긍정할 수 있는 가치입니다. 라틴어로는 '아모르 문디(Amor mundi)'라고 하는데요. 이 세계를 사랑한다는 뜻입니다. 살고 있는 이 세상을 부정하는 것이 아니라 긍정할 수 있는 가치를 만들게 되면, 우리는 비교적 이 세상에 묶여 있기는 하지만 자유로울 수 있어요. 이 자유정신을 갖게 되면 우리는 끊임없이 자신을 극복하게 될 겁니다. 니체의 초인, 멋지지 않습니까?

끝으로 프리드리히 니체의 목소리를 다시 한 번 들어보겠습니다. "그렇게 내려가는 자들을 나는 진심으로 사랑한다. 그들이야말로 저편으로 넘어가는 자들이기 때문이다."[7] 내려가야 다시 계곡을 건너서 새로운 땅을 올라갈 수 있습니다. 니체는 또 이렇게 말합니다. "나는 사랑한다. 자유로운 정신과 자유로운 심장을 갖고 있는 자를. 그런 자에게 머리는 심장에 있는 내장에 불과하다. 그러나 심장은 그를 내려가는 몰락으로 내몬다."[8] 머리는 심장에 있는 내장에 불과하다고 합니다. 머리보다 심장이 더 중요하다는 거죠. 그런데 현대인들은 자기 심장의 목소리를 듣지 않고 머리로 계산할 줄만 알아요. 자기 심장이 이야기하고 있는데 그 목소리를 듣지 않으면 메뚜기 떼가 됩니다.

지금까지 우리는 시장에 모여 있는 군중의 삶의 태도를 조금 거리를 두고 살펴봤습니다. 군중에게 거리를 둔다는 것은 자기 자신에게 거리를 두는 거죠. 내 모습이, 너무 밀착되어 보지 못한 그 자화상이 만약 최후의 인간이라고 한다면, 자기 자신을 넘어서는 새로운 가치 창조를 권유하는 니체는 지금도 곁에서 우리에게 경종을 울리는 살아 있는 철학자입니다. 자신의 심장의 목소리를 듣고 자신을 극복하십시오. 그래서 우리가 함께 살아가는 삶의 터전인 대지에 의미를 부여할 수 있는 실존 양식을 갖길 바랍니다.

Friedrich

Nietzsche

영원히 반복되는 삶

니체의 사상을 알아보는 여행을 떠나다 보면 항상 제자리로 돌아오는 것 같다는 느낌이 듭니다. 왜냐하면 여행을 떠날 때의 문제는 풀리지 않고 여전히 문제로 남아 있기 때문입니다. 지금까지 우리는 신이 죽은 시대에 어떻게 살 것인지, 최후의 인간과 초인 중 어떤 삶의 양식을 선택할 것인지 등의 문제를 살펴봤는데요. 이번에는 니체 스스로도 가장 어려운 사상이라고 이야기하고, 또 니체를 읽는 모든 독자가 정말 난해하다고 여기는 영원회귀 사상을 탐측하는 여행을 떠나보려고 합니다.

신의 죽음은 우리에게 어떤 충격도 주지 않고 있습니다. 신이 죽은 시대, 무신론과 세속화가 일상화된 21세기 현대사회에서 우리는 삶을 어떻게 견뎌낼 것인지에 대한 질문이 제기됩니다. 여기서 니체의 표현이 아주 재미있어요. '어떻게 살 것인가?'가 아니라 '삶을 어떻게 견뎌낼 것인가?'라고 질문을 던집니다. 가치가 미리 주어져 있고, 우리가 어떻게 살면 되는지에 관한 전범이 주어져 있던 시대에는 살아가는 것이 그렇게 어렵지 않았습니다. 그런데 오늘날 삶을 견뎌내기가 정말 어려워요. 나이가 든 사람만 어려운 것이 아니라 청소년은 더 그런 것 같아요. 방향을 잃어버린 시대, 지금이 바로 신이 죽은 시대이기 때문에 그렇습니다.

니체는 가끔 저 높은 곳에 서서 낮은 곳의 미물과 세상을 바라보는 것처럼 오만한 말을 하곤 해요. "만약 신들이 존재한다면, 나는 내가 신이 아니라는 사실을 어떻게 견뎌낼 수 있겠는가? 그러니 신들은 존재하지 않는다."[1] 이렇게까지 신을 모독하는 이야기를 합니다. 도대체 이 삶을 어떻게 견뎌낼 것인가. 신이 없는 시대가 야기한 필연적 결과라고 할 수 있는 허무주의는 삶에 어떤 의미도 목적도 없다고 하죠. 왜 사느냐는 질문을 던졌을 때 대답하지 못한다면 당신은 허무주의의 비극에 빠져 있는 것입니다.

그런데 재미있게도 삶에는 희비극이 엇갈리는 것 같아요. 삶의 목적도 없고 어떻게 살아야 할지도 모르지만, 살고 있다는 사실이 우리에게 목적을 강요합니다. 살려면 목적이 있어야 한다는 점이 '허무주의의 희극'인 것 같습니다. 한편으로는 목적이 없어졌는데 다른 한편으로는 스스로 목적을 만들어내야 하니, 이것이 비극적인 코미디가 아니고 무엇이겠습니까.

니체는 이 허무주의 사상을 극단까지 밀어붙입니다. 영원히 반복되는 이 비극을 한번 극단적인 방식으로 사유해보자고 이야기합니다. "이 사상을 가장 두려운 형식으로 사유해보자. 의미와 목표도 없는, 그렇지

만약 신들이 존재한다면,
나는 내가 신이 아니라는 사실을
어떻게 견뎌낼 수 있겠는가?

《차라투스트라는 이렇게 말했다》 중에서

만 피할 수 없이 회귀하는, 무에 이르는 피날레도 없는, 존재하는 그대로의 실존: '영원회귀.'"[2] 삶에 어떤 의미도 목표도 없다는 거예요. 충격적인 이야기죠. 초인의 삶을 설파하며 스스로 목적을 창조하고, 삶의 중심이 될 수 있는 가치를 만들어내라고 한 니체입니다. 그런데 삶에는 사실 목표가 없다고 이야기하니 얼마나 충격적입니까?

니체는 "네가 사람들과는 아주 다른 삶을 산다고 생각할지 모르지만 따지고 보면 별다른 차이가 없다. 네가 지금 아주 고귀하고 의미 있다고 생각하는 삶조차도 과거에 무수히 반복되었던 삶 중 하나에 불과하다."라고 이야기해요. 실제로 우리는 그렇지 않습니까? 오늘 니체의 사상을 접하고 성찰의 시간을 가졌으니 내일은 좀 달라질 거라고 생각하지만, 다음 날 역시 같은 일상이 반복됩니다. 영원히 반복돼요. 이것이 삶이라는 거예요. 우리가 늘 한탄하고 불만스럽게 생각하는 사실입니다. 그런데 니체의 강점은 우리가 부정하는 것을 강하게 부인하는 것이 아니라 오히려 인정하는 것입니다. 늘 같은 것의 반복, 니체는 그것이 바로 삶이라고 이야기합니다.

우리는 쳇바퀴 도는 반복적인 삶과 일상으로부터 벗어나고 싶어합니다. 때로는 여행을 가고, 때로는 일탈을 합니다. 그래도 우리는 삶으로 다시 돌아올 수밖에 없어요. 그렇다면 우리는 영원히 반복되는 삶을 어떻게 이해할 것인가. 새로움을 추구한다고 하더라도 그것은 영원히 반복된다는 영원회귀 사상은 허무주의의 가장 극단적인 사상이고 가장 극단적인 형식입니다. 니체는 "무여 영원하라!"라고 이야기합니다. 반복은 역설적이게도 창조의 전제 조건입니다. 자연계에서 영원히 반복되는 죽음이 없다면 새로운 생명도 없습니다. 우리의 삶이 매일매일 모험의 연속이라면, 우리는 창조할 수 있는 여유를 가질 수 없습니다. 삶이 영원히 반복되고 삶에 아무런 목적도 의미도 없더라도 그것을 받아들이는 자세로 우리가 살아갈 때, 비로소 우리는 온전히 삶을 긍정하는 힘을 가지게 됩니다. 이것이 니체의 사상입니다.

신이 없는 세상에서 우리는 삶을 긍정할 수 있을까요? 모든 일이 영원히 반복된다는 것이 우리를 옭아매고 억압하는 구속일까요, 아니면 우리를 새로운 가능성으로 인도하는 구원일까요? 항상 문제를 조금 다르게 보는 태도가 필요합니다. 이제까지 세상을 바라보던 인식으로부터 벗어나야 할 필요가 있어요. 이제까지 세계를 어떻게 인식했는지 생각해봅시다. 동서양을 막론하고 사람들은 영원히 변하지 않는 것이 진리라고 생각했어요. 신학적으로 이야기한다면, 신은 자기의 형상대로 이 세상을 창조했기 때문에 신이 만든 이 세상도 변하지 않는다고 생각했어요.

그런데 니체는 이를 전복시킵니다. 뒤집어엎습니다. 사실 우리가 살고 있는 세상을 가만히 바라보면 끊임없이 반복된다는 거예요. 봄이 가면 여름이 오고, 여름이 가면 가을이 오고, 그다음에는 겨울이 옵니다. 니체는 이 세상이 끊임없이 변화한다고 봤습니다. 니체는 철학적으로 고대 그리스의 헤라클레이토스(Heracleitos, 기원전 540?~기원전 480?)의 전통을 따른다고 할 수 있습니다. 헤라클레이토스는 "같은 강물에 두 번 발을 담글 수 없다."라는 유명한 말을 남겼어요. 강물은 끊임없이 흘러가기 때문입니다. 우리가 들어갔다 나온 강이 똑같은 강일 수는 있지만 강물은 똑같을 수가 없습니다.

니체는 끊임없는 변화가 사실은 진리라고 말합니다. 변화하는 세상에서 변치 않는 주춧돌, 의지할 수 있는 대들보를 만들었다면 그것은 오히려 허구라는 겁니다. 전통 형이상학을 완전히 뒤집어엎는 거죠. 니체는 어느 날 갑작스럽게 이런 생각을 떠올립니다. 책상에 앉아서 곰곰이 연구하다가 떠오른 게 아니고요. 스위스 엥가딘에 질스마리아라는 유명한 휴양지가 있는데요. 이곳의 호수가 정말 아름답습니다. 어느 날 호숫가를 거닐다가 주를레이 바위 앞에서 불현듯 생각이 떠올랐다고 해요. '아, 삶은 영원히 반복되는 것이야. 그것이 나쁜 것이 아니고 온몸으로 끌어안아야 될 긍정적인 것이야.'라고 말입니다.

니체는 이 영원회귀 사상에 대해 이렇게 이야기합니다. 그것은 인간이 사유할 수 있는 '사상 중의 사상'이기 때문에 이 사상을 자기 것으로 만든다면 '너를 변모시킬 것'[3]이라는 거예요. 영원회귀 사상은 이제까지 인간이 의지할 수 있었던 '최대의 중량'[4]이고 그 어떤 종교와 사상보다도 심오하고 신비로운 사상입니다. 니체는 우리 삶과 세계의 영원회귀를 나타내는 수많은 현상을 바라보면서 '회귀를 나타내는 1000개의 표현, 그것은 위협'[5]이라고 말합니다. 이렇게 질문을 드려보겠습니다. 여러분의 삶에서 영원히 반복되는 것은 무엇입니까? 주체할 수 없는 사치심, 견디기 어려운 지적 허영심 같은 것이 있나요? 한번 스스로 질문을 던져보세요. 영원회귀를 나타내는 현상이 굉장히 많을 거예요. 그러니 얼마나 위협적인 사상입니까.

주를레이 바위에서 영원회귀 사상을 떠올린 니체는 호텔로 돌아와 메모를 남깁니다. "죄가 없는 자. 실험으로서의 개개인. 삶을 가볍게 하기, 스스로 낮추기, 약해지기—넘어가는 과정. 새로운 중량: 동일한 것의 영원회귀"[6] 우리 모두의 존재는 어떤 죄도 없이 순진무구하다는 이야기입니다. 존재하고 있다는 자체는 누구에게 책임이 있는 것도 아니고, 근거를 내세워야 될 필요가 없다는 말이에요. 그런데 개인의 실존은 삶의 주인이 되는 실험을 하라는 명령입니다. 인간은 태어나는 순간 자신의 삶을 실험해야 한다는 운명을 갖고 태어났다는 거죠. 실험으로서의 개개인, 삶을 실험적으로 살라는 말은 결국 위험하게 살라는 뜻입니다. 그렇게 하다 보면 우리의 삶이 고통과 고뇌로 무거운 것처럼 보이지만 사실은 가벼워집니다. 스스로 낮추고 스스로 약해지는 과정을 통해 우리는 다음 단계로 넘어갈 수 있는, 새로운 가치를 창조할 수 있는 능력을 가지게 돼요. 이것을 정당화하는 것이 바로 영원회귀 사상입니다.

우리는 이제 모든 것이 끊임없이 반복된다는 것을 알게 되었습니다. 그렇다면 무엇이 실험적인 삶이고, 무엇이 진정한 용기일까요? 우리는 머리로는 깨닫는데 실천을 하지 못해요. 지식과 진리가 체화되어 우리 몸으로 실현할 수 있는지, 인간의 변화가 어느 정도까지 이루어질 수 있는지가 중요합니다. 니체는 "사상 중의 사상, 영원히 반복적으로 회귀한다는 사상을 온몸으로 인식하고 체현한다면 그 사상은 널 변화시킬 것이다. 너의 삶이 변화할 것이다."라고 말합니다. 그래서 신이 죽었을 때 우리가 추구하는 초인 사상을 실현하기 위해서는 영원회귀 사상을 받아들여야 한다고 이야기합니다.

오늘보다 나은 내일을 꿈꾸는가

영원히 반복되는 삶은 우리에게 구속일까요, 아니면 구원일까요? 니체는 삶을 영원히 무엇인가가 만들어지는 생성 과정으로 봤어요. 목표는 따로 없습니다. 죽을 때 목표를 다 이루었다고 생각하며 죽는 사람은 별로 없을 거예요. 삶 자체가 목표일지도 몰라요. 그렇다면 목표 없는 이 과정을 어떻게 인정하고 정당화할 수 있을까요?

주사위를 던진다고 생각해봅시다. 주사위의 어느 면이 나올지 미리 아는 사람은 한 명도 없습니다. 주사위의 면은 우연히 결정됩니다. 우리의 존재도 주사위같이 우연적이에요. 고대 철학자들이 인간의 삶과 실존을 창조주의 주사위 놀이와 같다고 이해했을 정도입니다. 여러분이 태어나서 이 시간에 존재할 수 있는 것은 지극히 우연적인 사건입니다. 또한 우리 삶은 마치 모래시계처럼 계속 거꾸로 세워지기를 되풀이하다가 끝납니다. 인간의 삶이 그렇다는 거죠. 우리는 주사위나 모래시계와 같은 실존을 살고 있습니다. 저의 짧은 인생을 돌이켜봐도 의지대로 된 것보다는 우연히 된 것이 훨씬 더 많습니다. 그렇다면 우리에게 어떤 명령이 주어진 걸까요? 니체는 우리가 우연히 태어났지만 자신의 존재를 필연적인 것으로 만들라고 합니다. "너의 삶 전체는 마치 모래시계처럼 되풀이하여 다시 거꾸로 세워지고 몇 번이고 되풀이하여 또 끝날 것이다. 네가 생겨나도록 만든 모든 조건이 세계의 순환 속에서 다시 만날 때까지, 너의 삶은 그사이의 위대한 순간의 시간이 될 것이다."[7]라고 이야기합니다.

《차라투스트라는 이렇게 말했다》에는 재미있는 비유가 있습니다. 난쟁이에 관련된 일화인데요. 어느 성문이 있고 그 문 양쪽으로 길이 있는데, 앞으로 난 길은 영원으로 인도되고 뒤로 난 길도 영원으로 인도됩니다. 이 성문의 이름이 무엇일까요? 바로 여러분이 지금 책을 읽고

너의 삶 전체는 마치 모래시계처럼 되풀이하여 다시 거꾸로 세워지고
몇 번이고 되풀이하여 또 끝날 것이다.

《유고(1881년 봄~1882년 여름)》 중에서

있는 이 순간입니다. 이 순간 이후로 미래가 영원히 이어지고, 우리가 있는 이 순간까지도 영원한 순간이 흘러온 겁니다. "이 길을 보라! 난쟁이여! 나는 계속해서 말했다. 그것은 성문을 기점으로 두 개의 얼굴을 갖고 있다. 두 개의 길이 이곳에서 만난다. 그 길들을 끝까지 가본 사람이 아직은 없다."[8]

그런데 우리는 어떻게 살아왔습니까? 우리가 살고 있는 이 순간을 무시하고, 내일은 더 잘 살 거라고 생각해요. 5년 동안 열심히 살면 그때 행복이 올 거라고 믿고, 5년으로 안 되면 10년이나 20년 후를 생각합니다. 이런 날들이 죽을 때까지 이어져요. 여러분은 우리가 죽을 때 비로소 삶이 완성된다고 생각하십니까? 혹시 그렇게 살아가십니까? 니체는 이 순간에 충실하라고 이야기해요. '내일은 달라지겠지. 내일은 조금 나아질 거야.'라는 생각으로 살아가는 사람들은 지금을 살고 있지 않습니다. 미래를 살고 있는 겁니다.

현재의 순간은 매번 건너뜁니다. 내일이 되어도 현재는 없어요. 오늘이 없어요. 내일은 다시 모레를 보니까요. 이런 삶은 메뚜기와 같은 삶입니다. 팔짝팔짝 뛴다는 거죠. 세속적인 가치나 도달해야 할 목표 같은 것들을 절대화하다 보면 살고 있는 이 순간을 놓쳐버립니다. 순간을 놓친다는 건 영원을 놓친다는 거예요. 미래를 향한 길과 과거로부터 이어지는 길이 모순처럼 보이지만, 두 모순이 만나는 곳에 바로 우리 삶의 의미가 있다는 겁니다. 그렇다면 우리가 살아가는 이 실존의 길을 어떻게 긍정할 수 있을까요? 영원회귀로부터 우리가 배워야 할 교훈은 바로 이것입니다. '이 순간을 포착하라.'

이 삶을 다시 살고 싶다는 확신

영원회귀 사상에 이 순간을 긍정할 수 있는 아주 날카로운 통찰이 있음을 제대로 인식한 여성이 있었는데요. 그 사람은 바로 루 안드레아스 살로메(Lou Andreas-Salomé, 1861~1937)입니다. 살로메는 릴케와 교류하고 프로이트의 제자이기도 한, 아주 풍요롭고 파란만장한 삶을 산 여성 사상가라고 할 수 있습니다. 니체와 살로메의 이야기는 늘 우리의 관심을 끌지만, 니체에게는 비극적인 사건이에요. 니체는 살로메를 보는 순간 사랑에 빠졌어요. 살로메에게 사랑을 느꼈음에도 사크로몬테에 함께 소풍을 가서도 사랑한다는 말조차 제대로 하지 못합니다. 그 후 사랑 고백을 두 번이나 했다가 거절당하죠.

살로메는 니체에 관련된 책을 썼는데, 그녀만큼 니체 사상의 핵심을 꿰뚫어 본 사람이 드물다는 평가를 받습니다. 살로메는 니체의 영원회귀 사상에 대해 이렇게 이야기합니다. "회귀(환생) 압박로부터의 해방이 아니라 회귀로의 귀의가 최고의 윤리적 노력의 목표다."[9] 우리가 영원회귀를 인정한다면 그것은 결국 우리가 우연히 이곳에 존재하게 되었다는 사실, 우리의 삶이 끊임없이 만들어지고 창조되고 생성되는 과정이라는 사실, 이런 것들이 순간순간 이루어진다는 사실을 인정하는 것과 같아요. 따라서 영원회귀 사상을 받아들인다는 것은 필연보다는 우연을, 존재보다는 생성을, 영원한 미래보다는 순간에 우선성을 부여하는 것입니다.

이런 관점에서 보면 인간의 실존은 실존해야 할 당위성을 포함하고 있기 때문에 우리가 살아갈 의미를 부여합니다. 우리가 살아가는 삶은 고통의 연속입니다. 매일매일 극복해야 합니다. 한 문제를 해결하면 또 다른 문제가 발생합니다. 허무주의자라면 이렇게 이야기할 수도 있어요. 제일 좋은 것은 태어나지 않는 것이고 그다음은 빨리 죽는 것이라고요.

그런데 우리가 알아야 될 것이 있습니다. 고통으로부터 벗어나고 죽음을 극복할 수 있는 좋은 방법이 있어요. 니체는 "죽음과 삶은 모순적인 대립 관계가 아니다. 죽음은 삶의 완성이다."라고 말합니다. 그런데 순간에 충실하지 않고 메뚜기처럼 미래를 위해서 지금 삶을 건너뛴다면 그것이 오히려 죽음일 수도 있다는 말이죠. 삶을 있는 그대로 긍정하면, 우리 삶의 한가운데 죽음이 들어와 있다는 사실을 인정하면 오히려 행복하게 죽을 수도 있습니다.

니체가 말합니다. "어느 날 낮, 혹은 어느 날 밤에 악령이 너의 가장 깊은 고독 속으로 살며시 찾아들어 이렇게 말한다면 그대는 어떻게 하겠는가. 네가 지금 살고 있고, 살아왔던 이 삶을 너는 다시 한 번 살아야만 하고, 또 무수히 반복해서 살아야만 할 것이다. 거기에는 새로운 것이란 없으며, 모든 고통, 모든 쾌락, 모든 사상과 탄식, 네 삶에서 이루 말할 수 없이 크고 작은 모든 것이 네게 다시 찾아올 것이다."[10] 이렇게 영원회귀를 강변합니다.

우리는 남들과 다른 삶을 산다고 착각할 수도 있습니다. 그렇지만 거시적인 관점에서 보면 우리의 삶에 커다란 차이는 없습니다. 다른 삶을 꿈꿀 수도 있습니다. 고통·고민·갈등·충돌도 없고, 오직 평안함이 존재하는 삶을 꿈꿀 수도 있습니다. 그렇지만 삶에는 역시 고통이 있고 갈등이 있습니다. 우리가 극복하고 부정하고 싶은 것들조차 우리가 살아야만 하는 삶 속에 필연적으로 속해 있어요. 갈등이 싫다고 갈등을 제거해버리면 또 다른 갈등이 나타나게 마련입니다. 이렇게 보면 니체의 생각에 고개를 끄덕이게 됩니다. 우리가 영원회귀 사상을 신학적·철학적으로 정당화하려고 노력할 필요조차 없습니다.

여러분이 몸으로 느끼고 일상에서 겪는 현실을 떠나서는 삶을 생각할 수 없어요. 이것을 우리가 어떻게 견뎌낼 수 있을까요? 이것을 우리가 어떻게 창조적으로 전환시킬까요? '너는 이것이 다시 한 번 그리고 수없이 계속 반복되기를 원하는가?' 니체가 저에게 던지는 질문이고, 여러분에게 던지는 질문입니다.

여러분이 지금 죽음을 맞이하는 상태라고 생각해봅시다. 이제까지 살아왔던 삶을 다시 한 번 살기를 원하는지 질문을 던졌을 때 '예'라고 대답할 수 있다면 삶을 잘 산 거예요. '아니요'라고 대답한다면 삶을 제대로 살지 못한 거예요. 그런데 자신의 삶을 부정하고 다른 삶을 살고 싶어 하는 사람에게 니체가 또다시 망치를 들고 나타납니다. 그 망상과 착각을 깨버리는 거예요. "네가 설령 다른 삶을 원한다고 할지라도, 네가 환생해서 다른 존재로 태어난다고 할지라도 너의 삶 속에는 끊임없이 고통과 번민과 갈등과 충돌과 전쟁이 개입할 것이다." 우리 삶이 달라지지 않는다는 말입니다.

그렇다면 우리는 어떤 방식으로 살아야 할까요? 니체는 우리의 삶이 아무리 노력하더라도 끊임없이 반복된다는 사실을 받아들이라고 합니다. 그리고 한 걸음 더 나아갑니다. 사상 중의 사상이요, 최대의 중량이요, 가장 심오하고 신비로운 사상인 영원회귀 사상을 받아들인다면 그다음에는 몸으로 그 진리를 얼마만큼 실현할 수 있을지, 얼마만큼 견뎌낼 수 있을지가 문제입니다.

우리는 영원회귀 사상을 몸으로 체현해야 합니다. 머리로만 알지 말고요. 여기에서 문제가 어려워지는 것 같아요. 머리로는 이해가 돼요. 하지만 몸으로는 잘 안 됩니다. 하지만 영원회귀 사상을 몸으로 체현하게 되었을 때 여러분은 존재 자체와 실존을 긍정하게 되고, 그 순간 변화하게 됩니다. 변신하게 될 거예요. 그토록 비극적으로 바라보았던 세계가 다시 긍정적으로, 새로운 가능성이 풍요로운 세계로 변화할 것입니다. 이것이 영원회귀 사상의 핵심입니다.

한번 상상의 나래를 펼쳐보세요. 삶이 또다시 반복되는데 그 삶 속에 똑같은 고통과 기쁨이 있다면 과연 어떻게 살아가야 하는가. 그토록 꿈꿔왔던 미래에도 삶이 변하지 않을 것 같다고 생각해보세요. 그럼 어떻게 살아야 합니까? 이 순간을 잘 살아야 해요. 그래서 이 순간을 긍정하는 것은 결과적으로 우리가 살고 있는 삶을 긍정하는 것이고, 이 삶을 긍정하는 것은 결과적으로는 우리가 언젠가는 죽을 수밖에 없다는 유한성과 사멸성을 긍정하고 인정하는 것을 의미합니다. 물론 젊을 때에는 죽음이 안 보이고 안 와 닿을 수 있어요. 그렇지만 청춘이 영원히 지속될 것 같다는 환상이 있을 때조차도 언젠가는 삶에 마침표가 찍힐 거라는 사실을 인정하게 된다면, 우리는 삶을 훨씬 더 책임감 있게 받아들일 수 있습니다. 이것이 니체의 관점입니다.

결국 영원회귀 사상은 삶을 긍정하고, 순간을 긍정하고, 죽음을 긍정합니다. 그래서 니체가 이렇게 이야기합니다. "다시 생겨날 수 있기 위해서는 소멸하기를 원해야 한다. 한 날에서 다른 날로. 백 개의 영혼을 통한 변모.—그것이 너의 삶, 너의 운명이 되도록 하라."[11] 끊임없이 지

나의 사상이 가르치는 것.
다시 살고자 원할 수 있도록 그렇게 살아라.
그것이 과제다.

《유고(1881년 봄~1882년 여름)》 중에서

속되기를 원하지 말라는 이야기죠. 끊임없이 변화하도록 노력하는 것이 순간을 즐기는 태도이고 순간을 향유할 수 있는 적극적인 자세라고 말합니다.

이 과정에서 우리가 얻을 수 있는 아주 훌륭한 인식이 있습니다. 우리가 형이상학을 믿어야만, 신을 믿어야만 영혼을 신뢰할 수 있는 게 아니에요. 니체는 끊임없이 자기를 극복하고, 자기를 넘어서는 가치를 만들어내고, 삶이 영원히 회귀한다는 사상을 적극적으로 받아들임으로써 아주 능동적으로 자기 삶을 살아가고 순간을 긍정하는 사람에게 영혼이 저절로 생겨난다고 이야기합니다. 영혼을 일컫는 고대 그리스어 '아우토키네톤(autokineton)'은 '스스로 움직이는 것'이라는 뜻인데요. 여기서 아우토(auto)는 '스스로'를, 키네톤(kineton)은 '움직이다'를 의미합니다. 다른 외부적인 힘에 의해서 움직이는 것이 아니라 스스로 움직일 때, 여러분은 삶의 주체가 됩니다. 삶을 내일로 연기하고 미래로 지연시키는 것이 아니라 이 순간을 긍정하고 열심히 살아갈 때, 여러분은 능동적으로 살아가는 거예요. 그 삶은 영혼이 있는 삶이 됩니다.

제가 오랫동안 책상 앞에 붙여놨던 니체의 말이 있습니다. "나의 사상이 가르치는 것. 다시 살고자 원할 수 있도록 그렇게 살아라. 그것이 과제다."[12] 우리는 급격한 속도의 시대, 변화의 시대를 살아가고 있습니다. 이 삶을 다시 살고 싶다는 확신이 들 정도로 이 순간을 산다면, 여러분이 찾아 헤맸던 목표와 의미는 저절로 다가올 것입니다.

영원회귀는 보통 니체의 가장 어려운 사상이라고 이야기합니다. 하지만 조금 어렵더라도 이 순간을 긍정한다면, 여러분은 이미 영원회귀 사상을 몸으로 이해할 수도 있습니다. 우리는 이 순간을 어떻게 살아야 할까요? 니체의 영원회귀 사상을 하나의 삶의 공식으로 표현해볼까요. "마치 네가 수도 없이 다시 태어나기를 바라는 것처럼 그렇게 행동하라!" 이 순간을 긍정하고 영원히 반복되는 세상에서 아름다움과 고귀함을 찾아낸다면, 니체는 심오한 사상가일 뿐만 아니라 일상의 무게를 가볍게 만들어주는 삶의 동반자가 될 수 있습니다.

Friedrich

세 가지 변신, 너 자신이 되어라

Nietzsche

낙타, 가장 무거운 것을 견디는 태도

철학을 하면 여러 가지 인식을 하게 됩니다. 우리가 살고 있는 시대에 관한 진단을 할 수도 있습니다. 그렇지만 이러한 인식과 진단이 우리를 변화시키지 못한다면 무슨 의미가 있을까요? 니체는 인식이 변화를 가져오지 않는다면 그것은 무의미한 인식이라고 이야기합니다. 그렇다면 니체의 철학은 우리를 변화시킬 수 있을까요?

니체는《차라투스트라는 이렇게 말했다》에서 세 가지 변신을 이야기합니다. "나는 이제 너희에게 정신의 세 단계 변화에 대해 이야기하련다. 정신이 어떻게 낙타가 되고, 낙타가 사자가 되며, 사자가 마침내 어린아이가 되는가를."[1] 인간이 정체성을 찾고 자아를 형성해가는 과정을 세 단계 변신을 통해 서술하고 있습니다. 낙타, 사자, 어린아이. 책을 읽으면서 여러분은 과연 어느 단계에 있는지 자문해보기 바랍니다.

니체가 세 단계 변신을 이야기하는 이유가 있습니다. 21세기는 이제까지 인류가 추구해왔던 가치와 이상이 무의미하다고 폭로된 시기입니다. 우리가 찾고 있는 '의미'가 무의미할 수도 있다는 인식이 널리 퍼져 있습니다. 허무주의가 평범해진 거예요. 우리는 모두 이 사실을 익히 잘 알고 있습니다. 이러한 허무주의에 대한 사실 인식이 우리의 삶을 변화시킬 수 있을까요? 니체는 이렇게 허무주의로부터 출발하여 허무주의에 적합한 삶의 양식을 찾는 과정이 우리를 변신시킬 것이라고 이야기합니다. 니체가 이야기하는 이 과정은 동시에 자신을 찾아가는 과정이기도 합니다.

차라투스트라가 모든 인식의 과정을 거쳐서 자기 자신을 찾아 변신한 사람에 관해 이야기합니다. "그는 이제 더 이상 양치기나 사람이 아닌, 변신한 자, 빛으로 감싸인 자가 되어 웃고 있었다. 지금까지 이 지상에서 그와 같이 웃어본 자는 없었다."[2] 그는 이 세상을 있는 그대로 인정할 수 있고 긍정할 수 있기 때문에 웃을 줄 아는 자입니다. 그렇기에 차라투스트라는 "웃음에 대한 동경이 나를 사로잡고 있는 것이다."[3]라고 말합니다.

허무주의의 문제는 무엇이었습니까? 어떻게 삶을 견뎌낼 수 있는지가 허무주의의 문제였습니다. 나의 삶, 지상에서 온갖 고통과 불행의 질곡으로 점철되어 있는 이 삶을 어떻게 극복하고 의미를 부여할 수 있을까? 이것은 니체의 문제였고, 차라투스트라의 입을 통해 우리에게 전달된 문제입니다. 그렇다면 우리는 삶을 견뎌낼 수 있을까요? 지금부터 니체의 철학을 통해 우리가 삶을 견뎌낼 수 있을지, 어떻게 새롭게 거듭날 수 있을지 살펴보겠습니다.

첫 번째는 낙타의 단계입니다. 낙타라고 하면 무엇을 연상하십니까? 낙타는 사막에서 삽니다. 삶의 조건이 좋지 않죠. 초원도 나무도 거의 없고, 오아시스도 드뭅니다. 사막에서 사는 낙타를 통해 니체가 말하고자 하는 것은 척박한 환경에서 우리의 삶을 내리누르는 중력의 정신이에요. 우리를 짓누르는 무거운 짐, 니체는 이것을 낙타의 비유를 통해 말하고자 합니다. 사막에서 짐을 싣고 가는 낙타를 떠올려보세요. 무거운 짐을 진 낙타가 불평을 하던가요? 그렇지 않습니다. 낙타는 묵묵히 걷습니다.

니체가 《차라투스트라는 이렇게 말했다》에서 서술하고 있는 낙타의 특징은 다음과 같습니다. 공경하고 두려운 마음을 지닌 억센 정신, 무거운 짐을 지는 정신, 복종하는 정신. 공경하고 두려운 마음을 가지고 있고, 무거운 짐을 감내할 수 있으며, 복종하는 것이 바로 낙타입니다. 무거운 짐을 지려면 복종할 줄 알아야 합니다. 여기서 짐은 여러 가지를 의미할 수 있어요. 우리가 살아가면서 해결해야 할 여러 과제도 짐입니다. 우리는 때가 되면 결혼을 해서 가정을 꾸리는데, 가정이 짐이 될 수도 있어요. 가정을 꾸려서 아이를 낳는데, 아이가 짐이 될 수도 있어요. 지금 여러분의 짐은 도대체 무엇입니까? 항상 자신의 의지와는 관계없이 강요되는 무거운 짐들이 있습니다. 그래서 니체가 '낙타는 짐을 지는 정신'이라고 이야기하는 겁니다.

그런데 모든 생명체는 권력에의 의지를 가지고 있잖아요. 낙타도 권력에의 의지를 가지고 있어요. 낙타는 이렇게 질문을 합니다. 'What is heavy(무엇이 무거운 것인가)?' 여러분도 스스로 질문을 던져보세요. 내가 지금 지고 있는 짐들 중에서 가장 무거운 것은 도대체 무엇인가? 아

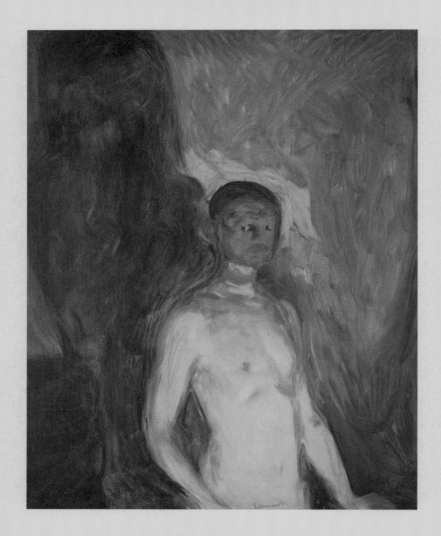

무엇이 가장 무거운 것인가?
내가 그것을 등에 짐으로써
나의 강인함을 확인하고 기뻐할 것이다.

《차라투스트라는 이렇게 말했다》 중에서

무런 생각 없이 시키는 대로 짐만 진다면 다음 단계로 발전할 가능성이 없습니다. 무엇이 무거운 것인지 질문을 던질 줄 알아야 자기 삶을 변화시킬 수 있습니다. 무거운 짐을 지면서도 항상 스스로를 확인할 줄 알아야 합니다. 그래서 가장 무거운 것을 견뎌내고자 하는 삶의 태도가 바로 낙타의 태도입니다.

이럴 수도 있어요. 무엇이 가장 무거운 것인지 질문을 던지고 난 다음 그것을 자기의 삶을 측정하고 평가할 수 있는 잣대로 설정합니다. 니체가 말합니다. "무엇이 가장 무거운 것인가? 내가 그것을 등에 짐으로써 나의 강인함을 확인하고 기뻐할 것이다."⁴ 스스로를 시험하는 것이죠. 어떤 일을 할 수 있을지 없을지 스스로 과제를 던지는 거예요. 과제를 성공적으로 수행한 후에는 어떤 느낌이 듭니까? 기쁘죠. 낙타는 무거운 짐을 진 다음에, 임무를 잘 수행한 다음에 자기의 권력에의 의지를 충족시켰다고 생각하고 기쁨을 느낍니다. 중간에 그만두고 싶은 수많은 고통스러운 순간을 이겨내고 마라톤을 완주하고 났을 때의 쾌감과 같은 것이라고 할까요.

무거운 것에는 물질적인 것도 있지만 정신적인 것도 있습니다. '정신에게 가장 무거운 가치는 도대체 무엇인가?' 이 질문은 상징적으로 던져야 합니다. 지금 자신이 처해 있는 구체적 고통이 무엇인지 질문을 던질 수도 있어요. 하지만 끊임없이 변화하고 자신을 찾아가고 정체성을 확인하고자 한다면 정말 실현하기 어려운 궁극적인 가치가 도대체 무엇인지 질문을 던져야 합니다. 그렇다면 여러분은 낙타의 단계에 있는 거예요. 낙타를 부정적으로 생각할 수도 있어요. 짐만 지고 타박타박 사막을 걸어가는 짐승, 남이 명령하면 복종하기만 하는 짐승으로 생각할 수도 있습니다. 하지만 이 낙타조차 자신에게 무거운 것은 도대체 무엇인지 질문을 던진다는 거예요. 이것이 니체가 말하는 낙타의 정신입니다.

자아를 실현하고자 할 때 나에게 가장 무거운 가치는 무엇일까요? 나를 둘러싼 진리, 도덕, 기존의 관습 등이 무거운 것일 수 있어요. 저의 어머니 세대만 해도 유교적 전통과 가부장적 관습 속에서 하고 싶은 것을 하지 못하고 가정을 위해 헌신한 분들이 많았습니다. 이런 제도와 관습 등 나를 구속하는 것들을 총체적으로 압축해서 상징적으로 표현한다면 그것은 신으로 대변됩니다. 그래서 신을 의지하는 삶은 가장 가벼운 삶처럼 보일지 모르지만 가장 무거운 삶을 사는 것일 수도 있어요. '착하게 살아라.', '이웃을 사랑하라.' 등 도덕적 명령들이 결과적으로는 자신을 변화시키려고 하는 자에게는 무거운 짐이 될 수도 있습니다.

그래서 니체는 이렇게 질문합니다. '진리를 위해 영혼의 굶주림을 참고 견뎌내는가? 진리의 물이라면 더러운 물일지라도 뛰어드는가?' 관습·제도·가치를 무조건 부정하고 파괴하는 것이 아니라, 일단 그것을 견뎌내고 체험할 수 있는 용기를 가지고 있는지 묻습니다.

낙타가 대변하는 중력의 정신을 다르게 표현하면 당위의 정신이고, 영어로 표현하면 'You should'입니다. 이 세상에 태어났다면 당연히 이런 도덕적 행위를 해야 한다는 거예요. 낙타의 정신은 늘 명령하고 지시합니다. 물론 사회는 마땅히 행해야 할 당위의 도덕이 없이는 유지되지 않습니다. 우리 사회는 규범적으로 구성되어 있습니다. 삶의 가장 기본적인 전제 조건은 우리가 이런 세상에 던져진 존재라는 겁니다. 구체적인 규범과 관습 속에 던져졌다는 거예요. 이 관습과 규범을 마음대로 바꿀 수가 없습니다.

어린아이를 교육할 때에도 제일 먼저 가르쳐야 하는 것이 순종과 복종입니다. 해도 되는 것과 해서는 안 된다는 것을 분명하게 가르쳐주는 게 필요합니다. 아이의 자유의지를 배려하여 요구를 다 들어주다 보면, 그 아이는 나중에 절대 올바른 인격으로 성장하지 않습니다. 아이에게 해서는 안 되는 것이 무엇인지를 분명하게 이야기하고 명령해야 아이는 달라집니다. '우리 아이가 달라졌어요!'는 낙타의 정신에서 유래한 것입니다.

낙타 정신은 나에게 무거운 짐은 도대체 무엇인지를 진지하게 묻습니다. 그리고 이 짐을 감내할 수 있는지를 묻습니다. 니체는 이렇게 자신에게 진지하게 물어보고 솔직하게 대답할 줄 아는 정직성과 진실성이 진리보다 더 중요하다고 이야기합니다. 우리는 대부분 순종하는 사람은 자신에게 솔직하지 않다는 편견을 갖고 있습니다. 물론 그렇습니다. 스스로 묻지 않고 순종만 하는 사람이 그렇습니다.

여러분은 낙타의 단계에 계십니까? 지금도 많은 짐을 지고 계십니까? 그런데 그 자체가 부정적인 것이 아닙니다. 짐을 질 줄 알아야 합니다. 짐을 한 번이라도 져본 사람이라야 비로소 명령하는 방법을 배우게 됩니다. 그 방법을 배울 때 우리는 비로소 사자의 단계로 성장할 수 있습니다.

사자, 기존의 가치를 부정하는 힘

사자의 단계의 핵심 명제는 이것입니다. '네가 자유를 원하면 명령할 줄 알아야 한다.' 도전적인 표현이죠. '타인과 소통하길 원하느냐? 그러면 명령할 줄 알아야 한다. 진정으로 사랑하고자 하느냐? 명령할 줄 알아야 한다.' 전부 모순처럼 들리잖아요? 그냥 받아들이기만 하거나 남의 욕구를 충족시켜주기만 하면 안 된다는 거예요. 자유정신이 어떻게 표현이 되고 어떻게 실천될 수 있는지를 사자의 단계를 통해 살펴보겠습니다.

니체가 이렇게 이야기합니다. "위대한 해방의 역사에는 아픔과 고통이 따른다. 해방은 동시에 인간을 파멸시킬 수도 있는 하나의 병이기도 하다. 스스로 정의하고 스스로 가치를 정립하려는 힘과 의지가 만드는 이 최초의 폭발, 자유의지를 향한 의지."[5] 이것이 사자의 단계라고 말합니다. 자신을 구속하고 있는 제도와 관습과 규범과 도덕으로부터 벗어나고자 한다면 자유의지를 가질 줄 알아야 하고 거역할 줄 알아야 한다는 말이에요. 사자처럼 포효할 줄 알아야 합니다. 정말 안 되는 것, 도저히 용납할 수 없는 것을 보고 부정할 수 있어야 한다는 거죠. 이 단계에 갈 때, 자유의지를 획득할 때 비로소 인간은 자신에게 의미를 부여할 수 있는 새로운 가치를 만들어낼 수 있습니다.

그렇기 때문에 사자는 자유정신을 상징합니다. 이 자유정신은 기존의 가치, 기존의 관습, 기존의 규범, 기존의 관계를 파괴할 수 있는 부정의 힘입니다. 요즘 유행하는 자기 계발서를 보면 흔히 '긍정의 힘' 이야기를 많이 하잖아요. 그 긍정의 힘조차도 부정할 줄 아는 능력으로부터 나옵니다. 기존의 명령을 그냥 따라가는 사람은 그 틀로부터 벗어나지 못합니다. 기업에서도 요즘 새로운 가치를 창조하기 위해 기존의 가치를 혁파하는 '파괴적 혁신'을 강조하죠. 이런 부정의 힘은 명령하는 자를 잉태합니다.

　무엇을 위한 부정이고, 무엇을 위한 파괴입니까? 새로운 가치를 위한 부정이고, 새로운 가치를 위한 파괴입니다. 청소년들이 기성세대에 저항을 할 때에도, 이 측면이 부각돼야 부정과 저항 행위가 사회로부터 비교적 손쉽게 용인될 수 있습니다. 기성세대는 청소년들의 저항을 이유 없는 반항으로 파악하려는 경향이 있지만 사실 이들의 저항에서 사회의 부정과 부조리를 읽어낼 수 있어야 합니다. 내가 부정하려는 것은 부정을 위한 부정이 아니라 새로운 가치를 위한 부정이라는 점을 적극적으로 표현하고 나타내는 것이 바로 사자입니다.

　차라투스트라는 "형제들이여. 자유를 얻어내고, 의무에 대해서조차도 신성하게 '아니오.'라고 말할 수 있기 위해서는 사자가 되어야 한다."[6]라고 이야기합니다. 신성하게 아니오라고 말한다는 표현이 재미있지 않습니까? 의무에 대해서조차도 아니라고 말할 수가 있는 것이 신성하다는 것입니다. 부정이 사회를 변화시키고, 자기 자신을 변화시킨다고 볼수 있어요. 부정할 줄 모른다면 우리는 새로운 가치를 만들어내지 못합니다. 긍정의 전제 조건은 부정입니다. 자기 자신의 나쁜 면, 자신의 약점을 고치려는 자유의지를 가질 때, 비로소 우리는 새로운 세계를 만들어낼 수 있어요.

　기존의 전통적 가치는 우리에게 진정한 방식으로 살아가는 법, 행동양식을 강요했어요. 'You should'예요. 우리에게 자유의 공간을 허용하

자유를 얻어내고,
의무에 대해서조차도 신성하게 '아니오.'라고 말할 수 있기 위해서는
사자가 되어야 한다.

《차라투스트라는 이렇게 말했다》 중에서

지 않았습니다. 이에 대해서 우리는 신성한 방식으로 아니라고 이야기
할 줄 알아야 된다는 거예요. 새로운 가치를 위한 자유는 'I will'의 형식
을 취합니다. 기성세대가 가장 듣기 싫어하는 말이죠. 부모가 자식으로
부터 가장 듣기 싫어하는 말일 수도 있어요. 자식은 자신의 길을 간다
면서 'I will'이라고 하잖아요. 부모는 자식이 공부를 잘해서 좋은 직업
을 가지길, 사회적으로 존경받는 위치에 오르길 바라지만 그것은 자식
이 원하는 길이 아니에요. 참 힘들지만, 도덕적 명령을 거부하고 저항
할 수 있는 힘을 갖출 때 비로소 우리는 자유의지를 가질 수 있습니다.

'I will', 즉 의지를 가지려면 내가 있어야 합니다. 내가 있다는 것은
의지로 표현되기도 하지만, 의지로 표현되기 위해서는 반드시 '나'가
있어야 해요. 내가 있다는 것을 어떻게 확인하십니까? 다른 사람과 다
른 생각을 가지고 있다는 인식을 통해서 비로소 자기 확인이 가능해집
니다. 다른 사람과 내가 조금 다르다고 인식할 때 비로소 자신을 느낍
니다.

여러분은 낙타의 단계에 계십니까? 여전히 순종하고, 복종하고, 무거
운 짐을 기꺼이 짊어지고 계십니까? 아니면 사자의 단계에 계십니까?
강제로 주어진 짐을 떨쳐버리고, 자신의 길을 갈 거라고 포효하십니
까? 스스로 질문해보기 바랍니다. 나에게 무거운 짐은 도대체 무엇인지
를 고민한다면 낙타의 단계입니다. 나는 도대체 무엇을 원하는지를 고
민한다면 사자의 단계입니다. 혹시 두 가지 질문을 다 던지지 않는다면
최후의 인간인 거죠.

니체는 자기 인식을 가지고 자유의지를 실현하고자 하는 인간을 '주
권적 개인'이라고 표현합니다. 주권 개념은 통상 국가와 연관 지어서만

생각하지만, 개인도 자신의 삶의 주인이 되어 삶의 방향을 설정할 수 있다면 주권자라고 이야기합니다. 주권적 개인이 될 때, 우리는 삶을 실험적으로 살 수 있고, 위험하게 살 수 있습니다. 왜냐하면 가지 않은 길을 걸어갈 용기를 비로소 얻을 수 있기 때문이죠. 부모가 이 길을 반대하는 이유는 너무나 위험하고 험난하다는 것을 알기 때문입니다. 그렇지만 우리 모두가 부모와 똑같이 살아간다면 삶은 변화하지 않습니다. 주권적 개인이 되고자 한다면 사자로 거듭나야 합니다.

니체가 이렇게 이야기합니다. "넘쳐나는 힘은 자유로운 정신으로 하여금 시험에 삶을 걸고 모험에 몸을 내맡겨도 된다는 위험스런 특권을 부여한다."[7] 실험할 줄 알고 모험할 줄 알라는 말입니다. 때로는 정도로부터 벗어나는 일탈 행위도 할 줄 알아야 된다는 이야기예요. 이것이 바로 사자의 단계입니다.

사자의 정신은 명령의 정신입니다. 니체는 "내가 너희에게 명령하니 이런 가치를 주되고 핵심적인 가치로 삼아라. 이것이 바로 사자의 명령하는 정신이다."라고 이야기합니다. 모든 명령하는 정신에는 실험적이고 모험적인 성격이 있습니다. 명령하는 자는 낙타의 단계를 거쳐왔기 때문에 스스로 자기 삶의 무게를 만들어요. 중심을 잡는 거예요. 낙타가 사자로 변신했다고 해서 무게가 완전히 사라지는 것이 아닙니다. 낙타는 타인이 강요한 짐을 지지만, 사자는 스스로 질 수 있는 짐을 만들어내는 것이죠.

사자의 단계는 스스로 명령하는 명령자이자, 자기 자신의 명령을 들어야 하는 순종자이기도 해야 합니다. 내가 설정한 가치를 내가 따를 때 내가 주인이 되는 것이지, 내가 설정한 가치를 따르지 않는다면 그

가치는 아무런 의미가 없는 겁니다. 자신이 따를 수 있는 법과 규칙을 스스로 세우는 것을 흔히 '자율(autonomy)'이라고 합니다. 사자는 자율의 정신을 상징합니다.

사자의 단계에서 우리는 자기 자신을 순종합니다. 남의 말을 듣는 것이 아닙니다. 부모의 뜻대로 살아가는 것이 아니에요. 부모의 말이 조언이 될 수는 있고, 그 길이 나의 길일 수도 있어요. 그렇지만 내가 판단하는 거예요. 그게 다른 거죠. 그러면 나는 나 자신의 주인이 됩니다. 따라서 명령할 줄 알려면 끊임없이 자신을 극복할 줄 알아야 한다는 겁니다. 자기 극복이 없다면 명령할 줄 모르는 거예요. 이것이 바로 사자의 단계입니다.

어린아이, 있는 그대로의 나

우리는 낙타의 단계에서 사자의 단계를 거쳤습니다. 순종할 줄도 알고, 무엇이 나의 무거운 짐인지를 파악할 줄도 아는 인식 능력을 갖추었습니다. 진정한 용기는 어디에서 발현하는지 아십니까? 나에게 위협이 되고 무게가 되는 것이 무엇인지를 파악하는 능력이 용기를 가져옵니다. 이 용기를 가지고 우리는 사자의 단계로 진입했습니다. 사자의 단계를 통해서 이상과 꿈을 실현하려는 자유의지를 표현했습니다.

이제 우리는 변신의 마지막 단계에 도달했습니다. 맨 마지막 단계에서 니체는 역설적이게도 다시 어린아이로 돌아가라고 말합니다. 낙타의 단계와 사자의 단계를 모두 거친 사람을 생각해봅시다. 그는 이상과 목표를 성취하기 위해서 끊임없이 노력하죠. 그런데 문제는 낙타의 단계와 사자의 단계를 거치다 보면, 우리 삶이 고정되지 않고 끊임없이 변화한다는 것을 인식할 수 있게 돼요. 어제와 오늘이 다르고 내일이 다를 것이라는 사실을 알게 됩니다. 니체는 이것을 '생성의 무죄'라고 이야기합니다. 우리가 변하는 것은 죄가 아닙니다. 다른 누구에게 책임을 돌릴 수 있는 문제가 아닙니다. 우리는 끊임없이 자기 인식을 통해서 변신해갑니다.

차라투스트라의 말을 들어볼까요. "어린아이는 순진무구하며, 망각이며, 새로운 시작, 놀이, 스스로의 힘에 의해 돌아가는 바퀴, 최초의 운동, 거룩한 긍정이다."[8] 어린아이를 보여주는 상징적인 표현입니다. 어린아이는 순진무구합니다. 주위 환경을 있는 그대로 받아들여요. 어린아이들 사이에는 인종 갈등과 편견도 없습니다. 백인 아이와 흑인 아이가 잘 어울리면서 놉니다. 우리 어른들은 뱀을 보면 소스라치게 놀라고 끔찍하게 싫어하지만 어린아이들은 아무렇지 않게 뱀을 만지기도 합니다. 어린아이는 선입견이 없습니다. 어린아이는 망각입니다. 한 시간 전에 한 일을 쉽게 잊어버리고 금세 엄마에게 달려와 새로운 놀이를 시작합니다. 이것이 어린아이의 특성이에요. 아이를 길러본 분은 아시겠지만, 아이들은 정말 이런 특성을 가지고 있습니다. 그래서 어린아이는 순수한 긍정을 의미합니다.

"그렇다, 나의 형제들이여. 창조의 놀이를 위해서는 신성한 긍정이 필요하다. 정신은 자기 자신의 의지를 욕구하며, 세계를 상실한 자는 자신의 세계를 되찾는다."[9] 새로운 세계를 만들어내기 위해서는 놀 줄 알아야 한다는 말이에요. 이 세계를 유희로서 받아들이고, 낙타처럼 심각

어린아이는 순진무구하며, 망각이며, 새로운 시작, 놀이,
스스로의 힘에 의해 돌아가는 바퀴, 최초의 운동, 거룩한 긍정이다.

《차라투스트라는 이렇게 말했다》 중에서

하게 생각하지 말아야 한다는 이야기죠. 모든 관습과 제도를 파괴하고 혁신하고자 하는 사자일 필요도 없다는 이야기예요. 그런 과정을 다 거쳐서 삶은 끊임없이 변화하고 이어집니다.

아이들의 놀이에는 규칙이 없습니다. 어떤 기구를 가지고 놀 때에도 규칙을 스스로 만들어냅니다. 줄넘기를 할 때도 정해진 규칙을 따르는 게 아니라, 자기들끼리 놀이를 하면서 규칙을 만들어냅니다. 이것이 어린아이의 특징인데요. 우리가 삶을 있는 그대로 긍정하기 위해서는 따라야 할 규칙을 스스로 만들어내는 어린아이 같은 태도를 가질 줄 알아야 합니다.

어린아이는 또한 망각의 힘을 상징합니다. 어른들은 기억하잖아요. 과거에 있었던 일을 기억합니다. 기억을 굉장히 중요시해요. 기록도 열심히 해요. 그런데 어린아이는 잊어버립니다. 잊어버릴 줄 알아야 새로운 행위를 시작할 수 있어요. 새로운 관계를 맺을 수 있습니다. 기억만 중요한 게 아니에요. 망각할 줄 알아야 새로운 시작을 할 수가 있습니다. 어떤 관계에 문제가 생길 때는 기억만 지배적이에요. 나에게 못했던 것들만 새록새록 기억납니다. 그게 아니에요. 삶은 끊임없이 변화해 가고, 새로운 시작을 할 줄 알아야 합니다. 그러기 위해서는 어린아이가 될 줄 알아야 합니다.

어린아이는 삶을 놀이로 받아들여요. 무거운 짐으로 받아들이지 않습니다. 그래서 어린아이는 신성한 긍정입니다. 아이는 어른과 달리 특별한 존재가 되고 싶어 하지 않아요. 'I am as I am.' 나는 존재하고 있는 그대로의 나입니다.

제 아이가 어렸을 때 아이에게 질문을 던진 적이 있었어요. "아빠 사랑해? 왜 아빠를 사랑하는데?" 그런데 제 아이가 한 말이 니체의 관점에서는 정확해요. "나는 아빠를 사랑해. 왜? 아빠를 사랑하니까." 이유가 없어요. 계산 안 해요. 어떤 사람이 다른 사람을 사랑하는 이유가 무엇인가요? 사랑을 할 때도 똑같습니다.

스위스의 극작가 막스 프리쉬가 이렇게 말했습니다. "너 자신의 우상을 만들지 말라." 니체도 똑같이 이야기합니다. 상대방뿐만 아니라 자기 자신에 대해서도 우상을 만들지 말라고, 있는 그대로의 네 존재를 받아들이라고 합니다. 낙타는 이렇게 살아야 한다면서 'You should'라고 했어요. 그랬더니 사자는 그렇게 결코 안 산다면서 'I will'이라고 했습니다. 이 단계를 극복해야 비로소 어린아이가 나는 있는 그대로의 나라면서 'I am'이라고 합니다.

니체는 어린아이의 단계로 살아가기 위해서 변신을 해야 한다고 이야기합니다. "힘이 축적된 자의 이상은 어린아이의 놀이다."라고 말해요. 어린아이는 유용한 것과 무용한 것을 구별하지 않습니다. 어린아이다워야 한다는 거죠. 그래서 놀이하는 아이는 니체에게 철학적이고 실존적인 이상이었어요. 삶의 예술가로서의 이상이었습니다.

우리는 지금 신이 죽은 시대를 논하고 있습니다. 기독교 전통에 의하면 인간은 원죄의 무게를 가지고 이 땅에 태어났습니다. 그런데 니체가 이렇게 이야기합니다. "네가 여기에 태어난 것은 무죄다. 네가 지금 생성되어가는 것은 무죄다. 네가 어떤 존재가 될지도 무죄다." 그렇기 때문에 우리는 삶의 예술가가 될 수 있습니다. 생성의 무죄는 우리의 삶을 놀이하는 어린아이로 만듭니다. 이렇게 니체는 삶을 예술적으로 정당화하라고 이야기합니다.

여기서도 니체는 고대 그리스 철학자 헤라클레이토스의 전통을 따릅니다. 헤라클레이토스는 이렇게 말했습니다. "시간은 장기판 놀이를 하는 어린아이다. 왕국은 어린아이의 손 안에 있다." 그래서 '놀이하는 아이(Pais paizon)'[10]라는 이야기도 하는데요. 삶의 무게를 너무 무겁다고 판단하는 것이 아니라, 삶 자체를 새롭게 놀이판으로 만들어보자는 말이에요. 그럼 우리의 삶이 가벼워져요. 최고의 예술 작품은 나의 삶입니다. 따라서 삶을 스스로 만들어가는 모든 사람은 예술가입니다.

니체가 평생 동안 철저하게 사유했던 최고의 실존철학적 문제가 있습니다. '어떻게 사람은 본래의 자신이 되는가?' 우리는 도대체 자신이 누구인지에 대한 답을 찾으려 끊임없이 성찰하고, 인식하고, 노력하잖아요. 니체는 본래의 자기 자신이 되고자 한다면 낙타의 단계, 사자의 단계, 어린아이의 단계의 세 가지 변신을 할 줄 알아야 한다고 말합니다.

낙타는 도덕적 명령을 합니다. 무게를 견뎌낼 줄 알라고 요구합니다. 사자는 자기의 의지를 강조합니다. 기존의 관습과 규범을 타파하기 위해 노력합니다. 이 두 단계를 거쳤을 때 비로소 우리는 어린아이의 자연스러움에 도달할 수 있습니다. 한편으로는 순종할 줄 알아야 하고 다른 한편으로는 명령할 줄 알아야 해요. 순종만 하면 자기 의지의 자연스러움에 도달하지 못합니다. 명령만 할 줄 알면 자기 존재의 자연스러운 모습을 갖추지 못합니다. 이것이 니체가 이야기하는 자기 창조의 변신 과정입니다.

지금까지 세 가지 변신을 통해서 우리가 본래의 모습을 어떻게 찾을 수 있을지를 살펴보았습니다. 여러분은 낙타입니까, 아니면 사자입니까, 아니면 어린아이입니까? 자신의 모습에서 이 세 가지 단계를 긍정할 때, 비로소 우리는 자기 자신을 찾아가는 첫걸음을 내디딜 수 있습니다. 이것이 허무주의가 일상화되고 평범화된 시대에 어떻게 본래의 모습, 진정한 양식으로 살아갈 수 있는지에 대한 니체의 대답입니다. 낙타의 단계, 사자의 단계, 어린아이의 단계를 다시 한 번 되새겨보세요. 세 가지 변신이 본래 자신의 모습을 찾아가는 계기가 되기를 바랍니다.

Friedrich

아모르 파티, 운명을 사랑하면 춤을 춘다

Nietzsche

나는 춤출 줄 아는 신만을 믿는다

니체 사상의 의미를 찾아 떠난 여행의 마지막 주제는 '아모르 파티(Amor Fati)'입니다. 네 운명을 사랑하라. 지금까지 여러 문제를 다루었지만, 사실 니체가 우리에게 전달하고자 한 핵심 사상은 이것입니다. 니체는 《이 사람을 보라》에서 "차라투스트라는 춤추는 자"[1]라고 말하면서, 춤을 출 줄 아는 사람은 운명을 사랑하는 자라고 이야기합니다. 왜 갑자기 운명과 춤 이야기가 나오는 걸까요? 지금부터 춤과 운명에 관한 우리의 마지막 여행을 떠나보겠습니다.

니체가 차라투스트라의 입을 빌려 생소한 말을 전합니다. "나는 춤을 출 줄 아는 신만을 믿는다. (중략) 나는 걷는 법을 배웠다. 그 후 나는 줄곧 달렸다. 나는 날아다니는 법을 배웠다. 그 후 나는 다른 사람의 도움 없이도 움직일 수 있었다. 이제 나는 가볍다. 나는 날고 있으며 나 자신을 내려다보고 있다. 이제야 어떤 신이 내 몸 속에서 춤을 추고 있다."[2] 여기서 춤을 출 줄 아는 신은 무엇을 의미하는 걸까요? 니체가 그렇게 거부하고 부정한 기독교적 신은 춤출 줄 아는 신이었을까요, 춤출 줄 모르는 신이었을까요? 춤출 줄 모르는 신이었다는 거죠. 그리고 니체가 자신의 신으로 여러분에게 제시하는 차라투스트라나 디오니소스는 춤출 줄 아는 신이었다는 겁니다.

춤을 춰본 사람들은 춤을 잘 추기 위해서 어떻게 해야 하는지 압니다. 몸이 가벼워야 해요. 그러면 어떻게 자기 몸을 가볍게 만들 수 있을까요? 자기 몸을 긍정할 줄 알아야 해요. 그런데 낙타처럼 무거운 짐을 지고는 절대 춤출 수 없습니다. 머릿속에 심각한 생각을 하면서 춤추는 사람을 저는 보지 못했습니다. 춤을 출 때에는 춤에 몰입해야 합니다. 그래서 니체는 자신의 운명을 사랑하게 된 차라투스트라의 하산을 서술하면서 "그는 춤추는 자처럼 걷고 있지 않은가?"[3]라고 말합니다. 춤추는 무용수, 춤추는 자를 이렇게 상징적으로 받아들이시기 바랍니다.

삶을 춤추듯이 살 수 있다면 얼마나 좋을까요. 우리의 발걸음이 가벼울 수 있다면 얼마나 좋을까요. 우리는 늘 정말 무거운 짐을 진 듯이, 하늘도 쳐다보지 못하고 땅만 바라보면서 한숨을 푹푹 쉬며 살아가잖아요. 우리가 살고 있는 이런 현실에 대해서 아주 예리한 비판과 인식을 한 자가 차라투스트라입니다. "네가 너의 삶을 살고자 원하느냐? 그런데 너의 삶은 영원히 반복될 것이다." 이처럼 무거운 인식이 없어요. 이런 심오한 인식을 했음에도 불구하고 어떻게 그는 절망하지 않고 삶의 영원회귀에 대한 반박조차 하지 않고 우리의 삶을 영원히 긍정할 수 있게 되었는가? 어떻게 차라투스트라는 이렇게 무거운 사상들을 견뎌내고 짊어질 수 있었는가? 이것이 니체가 우리로 하여금 다시 한 번 생각해보라며 던지는 질문입니다.

춤추는 신. 도대체 춤추는 신은 어떤 존재일까요? 춤추는 신은 '중력의 힘'을 거역할 수 있을 때 비로소 하늘을 향해 비상할 수 있습니다. 날아오를 수 있습니다. 춤은 중력에 저항하는 운동의 예술, 몸의 예술입니다. 이사도라 던컨은 현대무용을 창시한 무용가로, 니체의 영향을 많이 받았습니다. 던컨은 "《비극의 탄생》은 '내 성경'이다. 차라투스트라는 '춤을 추고 있는 남자에 관한 구절들로 채워져' 있다."⁴라고 말합니다. 니체의 철학에 큰 영향을 받아서 예술의 패러다임을 바꾼 사람이 바로 이사도라 던컨이거든요. 던컨의 춤을 보면 몸의 가벼움, 놀이하듯 하늘을 날아오르는 몸의 모습이 아름답기 그지없습니다.

그렇다면 춤춘다는 것이 도대체 무엇일까요? 춤은 두말할 나위 없이 몸의 예술이죠. 우리 몸을 쓰는 예술입니다. 몸을 쓰려면, 몸을 움직여서 무엇인가를 표현하려면 자기 몸을 있는 그대로 받아들이고 자기 몸의 내면의 목소리를 들을 줄 알아야 해요. 제가 라틴 댄스를 배워본 적이 있는데요. 처음에 춤이 잘 안 되는 이유 중 하나는 스텝을 머리로 생각하기 때문이에요. 머리로 생각하면 춤을 잘 못 추는 사람이에요. 완전히 몸에 익어서 머리가 계산하기 전에 먼저 움직여야 해요.

춤이라는 것은 몸의 예술이면서 동시에 끊임없이 변화하는 운동의 예술입니다. 몸짓을 어떻게 하느냐에 따라 자기 몸과 무대의 관계, 청중의 관계가 달라집니다. 그래서 춤은 근본적으로 중력을 극복하는 예술입니다. 상징적인 거죠. 우리를 짓누르는 무거운 짐, 위대한 가치, 강철과 같은 관습과 규범 같은 것을 이겨내고 삶을 가볍게 만드는 문제와 연관됩니다. 니체의 철학이 정말 어려울지 모르지만 우리에게 궁극적으로 요구하는 것은 삶을 가볍게 만들라는 것입니다. 삶을 있는 그대로 인정하고 삶을 받아들이라고 이야기합니다. 그러기 위해서 춤을 추듯이 살라고 합니다.

사람들은 삶이 왜 이렇게 고통스럽냐고 묻습니다. 세상에 왜 이렇게 불의와 부정, 불행과 불운이 많냐고 묻습니다. 우리는 모두 이런 질문을 적어도 하나씩 가지고 있잖아요. 니체는 우리를 짓누르는 무게, 사회적인 문제를 중력의 정신이라고 이야기합니다. "사람은 대지와 삶이 무겁다고 말한다. 중력의 정신(악령)이 바라고 있는 것이 바로 그것이다! 그러나 가벼워지기를 바라고 새가 되기를 바라는 자는 자기 자신을 사랑해야 한다. 이것이 나의 가르침이다."[5] 삶 자체를 무겁게 만들지 않으려면 춤출 줄 알아야 합니다. 우리의 삶을 가볍게 만들어야 합니다. 이 말은 결코 삶을 가볍게 받아들이라는 이야기가 아닙니다. 삶을 진지하게 받아들이더라도 너무 무겁게 대하지는 말라는 의미입니다.

어떻게 가벼워질 수 있습니까? 어떤 사람이 가볍게 살아가나요? 한쪽에는 자기의 약점까지도 사랑하고 자기의 모든 것을 인정할 줄 아는 사람이 있습니다. 다른 한쪽에는 모든 약점이 콤플렉스여서 매일매일 불평만 하며 살아가는 사람이 있어요. 그러면 누가 가볍게 살아가는 쪽일까요?

예를 들어 사회적으로 키가 어느 정도 커야 한다는 말을 그대로 받아들이면 가치가 돼요. 외부에서 강요된 가치입니다. 나한테 무게가 되는 거예요. '나는 왜 이렇게 작은 거야? 우리 부모님은 도대체 무엇을 하신 걸까?'라고 생각한다면 이것은 무게예요. 중력의 힘이고 악령이에

가벼워지기를 바라고 새가 되기를 바라는 자는
자기 자신을 사랑해야 한다.

《차라투스트라는 이렇게 말했다》 중에서

요. 그러면 어떻게 가벼워질까요? 키가 작다는 신체적 조건을 다르게 받아들일 수도 있습니다. '너는 키가 크지만, 내 정신의 키는 너보다 더 커. 나 키 작잖아. 그렇지만 그게 뭐가 문제가 돼?' 이렇게 자신의 특징을 위트로 만들 줄 아는 능력을 아이러니(irony)라고 해요. 고대 그리스인은 아이러니를 삶의 실천 방식으로 삼았어요. 자기 자신의 약점에 거리 두기를 해서 유머로 포장할 줄 알아야 해요. 그럼 삶이 가벼워집니다. 자기 자신에 대해 거리 두기를 할 줄 아는 사람이 결과적으로 중력을 극복하고 삶을 가볍게 받아들일 수 있다는 이야기입니다.

운명을 사랑하고자 한다면 춤출 줄 알아야 합니다. 춤을 추고자 한다면 중력을 극복해야 해요. 중력을 극복한다는 말은 자신을 끌어내리는 무거운 짐이 도대체 무엇인지 안다는 이야기잖아요. 그러려면 자기 자신을 사랑할 줄 알아야 합니다. 춤을 추는 자는 자기 자신을 사랑할 줄 아는 자입니다.

제가 현대무용에 대한 니체의 영향을 조사하고 연구하면서, 니체의 사상과 현대무용 사이에는 많은 유사점이 있다는 것을 알게 되었습니다. 그중 하나는 몸을 인정한다는 거예요. 우리는 자아를 몸으로 보기보다는 의식으로 생각하는 경향이 있어요. 자아의 탐험을 몸으로부터 시작하는 것은 어떨까요. 매일 아침 거울을 보면서 자신이 멋있다고 생각해보세요. 자기 몸을 인정하는 거예요. 몸을 인정한다는 것은 내 외면을 인정한다는 것만을 의미하지 않습니다. 내 몸 안에서 일어나고 있는 모든 작용, 충동, 움직임을 인정한다는 겁니다.

사람은 다 다릅니다. 몸도 제각각이듯이 몸속에서 일어나는 활동도 다 다릅니다. 몸속의 자연을 인정할 줄 알아야 합니다. 그러면 기적적 현상이 일어나는데요. 본래의 자기 자신이 됩니다. 저는 이것이 니체만의 아주 독특한 관점이라고 생각해요. 너무 의식적으로 자아를 추구할 때에는 자아를 찾기가 힘듭니다. 의식을 떠나서 자기 몸을 인정하게 될 때 오히려 본래 자신의 모습을 찾을 수 있어요.

예컨대 아침 일찍 일어나는 것만이 올바른 생활은 아닙니다. 어떤 사람은 아침잠이 너무 많아요. 그런데 다른 사람은 잠이 든 늦은 시간까지 아무런 문제 없이 맑은 정신으로 앉아 있을 수 있어요. 또 다른 사람은 이른 저녁에 꾸벅꾸벅 졸아요. 그리고 남들이 깊은 잠을 자는 새벽 4시면 일어나죠. 이렇게 사람은 다 달라요. 단순하게 생활 리듬의 차이일까요? 아닙니다, 몸의 차이예요. 몸을 인정할 때 본래의 자기 자신이 나옵니다. 이렇게 자기 몸에 맞는 삶의 방식이 무엇인가를 찾게 됩니다. 이것을 니체는 영혼이라고 합니다. 재미있게도 니체는《차라투스트라는 이렇게 말했다》에서 "나는 전적으로 신체일 뿐, 그 밖의 아무것도 아니며, 영혼이란 신체 속에 있는 그 어떤 것에 불과하다."[6]라고 이야기하거든요. "영혼이란 것도 신체와 마찬가지로 죽을 수밖에 없는 존재"[7]이기 때문에 몸이 죽으면 영혼도 죽습니다. 이는 동양적 전통에서 자기 자신을 수양하고 닦는 '수기(修己)'와도 같습니다. 이렇게 영혼이 생기면 결과적으로 삶을 사랑하게 됩니다.

유명한 무용가들 대부분은 이런 과정을 거칩니다. 자기 몸을 철저하게 인정하고, 받아들이고, 몸의 움직임에 귀를 기울여보세요. 그러다 보면 항상 자기 몸과 교감하게 됩니다. 자기 몸과 소통하면서 무엇을 원하는지 알게 되고, 어떤 욕망을 가지고 있는지 알게 되며, 욕망을 다스리고 질서를 세울 수 있게 돼요. 그때 비로소 자신만의 성격을 가지게 됩니다. 그래서 니체는 몸보다 정신을 강조한 정통 형이상학과 달리 정신보다 몸을 강조하면서 '몸은 커다란 이성'이라고 이야기합니다.

　니체는 몸을 인정하고 몸속에 자연을 수용하다 보면 자신도 모르게 자아가 형성되고, 자아가 형성되는 순간 그토록 찾아 헤매던 영혼도 얻게 된다고 합니다. 결과적으로 자신의 삶을 긍정하게 될 것이라고 이야기합니다. 그래서 자아를 찾는 자들에게 제발 입으로만 자아를 찾지 말라고 말해요. 자아는 말하는 것이 아니라 행하는 것이라는 의미입니다. 그래서 니체는 "나의 덕은 춤추는 자의 덕이다. (중략) 그리고 무거운 것이 가볍게 되고, 모든 몸이 춤추는 자가 되며, 정신 모두가 새가 되는 것. 그것이 내게 있어서 알파이자 오메가다."[8]라고 이야기합니다.

　니체는 우리에게 춤추는 자가 되라고 합니다. 삶을 가볍게 받아들이라고 합니다. 이것이 그렇게 쉽지는 않습니다. 간단하게 이루어지지는 않죠. '삶을 가볍게 하기 위해서는 자신을 사랑할 줄 알아야 한다. 자신을 사랑한다는 것은 우선 몸의 내면을 들여다보는 것이다.' 이것이 니체의 첫 번째 교훈입니다.

삶을 가볍게 만드는 예술

어떻게 우리의 삶을 온전한 방식으로 정당화할 수 있을까요? 여기에서 비로소 예술이 등장합니다. 니체는 머리로 깨우치는 지식과 인식은 삶에 커다란 영향을 미치지 못한다고 이야기합니다. 학문보다 한 단계 위에 있는 것이 예술이라고 이야기합니다. 허무주의 시대에, 최종적인 목적과 가치가 없는 시대에 의미 있고 행복한 삶을 살려면 삶 자체를 예술 작품으로 만들라고 합니다.

허무주의 시대에 우리가 추구해야 할 예술은 무엇입니까? 진리가 없음에도 불구하고 자신에게 의미 있는 진리를 탐구하는 것이 예술가적 정신입니다. 신은 최고의 목적, 최고의 이상이잖아요. 신이 죽은 시대임에도 불구하고, 우리에게 강요되었던 최고의 목적과 이상이 붕괴되어서 모든 의미가 사라졌음에도 불구하고 자신만의 새로운 신을 창조하라고 합니다. 네가 정말 동경하고 온 삶을 통해서 실현할 수 있는 자신만의 신을 가지라는 말이죠.

삶의 마지막 순간에 사람들 대부분은 이렇게 생각할 거예요. '헛되고, 헛되고, 헛되도다.' 그런데 니체는 삶이 유한하고 무상함에도 불구하고, 짧은 삶에 의미가 있는 영혼을 추구하라고 합니다. 이것이 비극적 인식입니다. 니체의 비극은 '불구하고'에 있어요. 다 알고 있죠. 우리의 삶은 짧아요. 그럼에도 불구하고 우리에게 삶의 영혼을 추구하라고 합니다. 그것이 삶을 가볍게 사는 방식이라고 이야기합니다. 니체에게는 이러한 삶의 방식을 구현한 고대 그리스의 신이 있었습니다. 바로 디오니소스입니다. 로마 시대에는 바쿠스라고 했는데요. 디오니소스는 주신(酒神)입니다. 포도주의 신이며 도취와 망각의 신이에요.

니체는 우리의 삶을 이끌어가는 두 신이 있다고 이야기합니다. 아폴론과 디오니소스입니다. 《비극의 탄생》이라는 최초의 저작을 보면 이 두 신에 관해 서술되어 있습니다. 아폴론적인 것과 디오니소스적인 것은 예술의 충동을 대변하는 두 가지 원칙일 뿐만 아니라, 우리의 삶을 이끌어가는 두 가지 종류의 삶의 방식입니다.

아폴론은 빛의 신이에요. 빛이 있으면 사물을 똑바로 인식할 수 있습니다. 사물을 규정하고 정의 내릴 수 있습니다. 우리는 아폴론 없이 살아갈 수 없어요. 끊임없이 허구를 만들어내고 환상을 만들어냅니다. 허구와 환상은 좋은 말로 표현하면 비전이죠. 어떤 면에서 비전은 우리가 볼 수 있는 환영과 같습니다. 아무것도 보이지 않으면 길을 걸어갈 수가 없어요. 뭔가 보여야 해요. 목표가 있어야 해요. 그 목표를 내가 만듭니다. 내가 만든 삶의 목표는 나의 삶이 유지되는 짧은 시간에만 작용하기 때문에, 한낱 허구와 환상에 불과할지 모릅니다. 하지만 나에게는 의미 있는 환상이라는 거예요. 이것이 아폴론적인 거예요.

그런데 기존의 비전에 묶여 있으면 새로운 것을 받아들이지 못하잖아요. 그래서 때로는 도취와 망각이 필요합니다. 때로는 술을 마셔야 합니다. 아폴론적인 것이 너무 강할 때는 사람들의 유대감이 잘 안 느껴집니다. 아폴론적인 것은 어떤 것을 다른 것과 구별하는 개별화의 원리이기 때문입니다. 서로 자신이 원하는 것만 주장하면 충돌이 일어나고 소통이 필요하다고 그러죠. 소통이 필요할 때 우리는 술을 마십니다. 디오니소스를 부릅니다. 서로 독립된 객체가 아니라 너와 내가 모두 하나의 생명체라는 것을 인식하게 됩니다. 이것이 축제입니다. 디오니소스 축제입니다. 디오니소스를 통해서 우리는 이 삶이 수많은 고통과 불행에도 불구하고 여전히 살 만하다고 느낄 수 있어요.

니체는 《비극의 탄생》에서 왜 아폴론적인 것과 디오니소스적인 것이 필요한지 이렇게 말합니다. "개개인이 자신을 구원할 환영(비전)을 만들어내기 위해서는 고통의 세계 전체가 필요하다."[9] 허구예요. 픽션입니다. 허구지만 그 허구를 만들어내기 위해서는 고통으로 가득 찬 세계

인간의 위대함에 대한 내 정식은 아모르 파티, 운명애다.

《이 사람을 보라》 중에서

전체가 필요합니다. 이런 정신으로 비전을 만들어내야 된다는 이야기죠. 이것이 바로 니체가 이 세계를 받아들이는 태도입니다.

아폴론적인 것과 디오니소스적인 것은 삶을 움직이고 예술을 이끄는 두 가지 원칙이라고 볼 수 있습니다. 우리는 예술 없이 삶을 가볍게 생각할 수가 없어요. 계속 골머리를 앓으면서 '어떻게 살아야 하지? 이게 정말 삶일까? 나의 진정한 모습은 어디에 있지?' 이렇게 고민하면 우리는 삶을 살아내지 못해요. 삶을 이끌어갈 수 있는 가치를 만들어내는 것만큼 예술가적인 것이 어디 있겠습니까? 그래서 니체는 "삶은 예술을 통해 구원된다."라고 이야기했습니다. 이 예술은 삶의 예술입니다. 실존의 예술이에요.

이 때문에 니체의 유명한 말, "세계는 오직 미적으로만 정당화된다."라는 말이 나옵니다. 과학이 아무리 발전하더라도 과학적 인식만으로는 세계가 설명이 안 돼요. 왜 이렇게 고통이 많습니까? 왜 이렇게 불의가 많나요? 왜 이렇게 갈등이 발생하고, 어떻게 저런 전쟁을 벌일 수가 있죠? 이해가 안 됩니다.

그럼에도 우리는 삶을 살아야만 하고, 살아갈 수밖에 없습니다. 그러기 위해서는 우리의 삶을 가볍게 만들 수 있는 예술이 필요합니다. 그래서 니체는 우리가 진리로 몰락하지 않기 위해서 예술을 필요로 한다고 이야기합니다. 세상에 대한 인식에도 불구하고 우리는 몰락하지 않습니다. 예술이 있기 때문에. 여러분이 삶의 예술가가 된다면 아무리 어려운 일이 있더라도 그 어려움을 극복하고 가볍게 뛰어넘을 수 있는 댄서가 될 수 있습니다. 이것이 니체의 가르침입니다.

운명을 사랑하라

아모르 파티. 네 운명을 사랑하라. 운명의 배반을 받아 고통스러운 삶을 산 프리드리히 니체의 반전이라고 할 수 있습니다. 기독교 전통이 지배적이었던 시대에는 아모르 파티라고 이야기하지 않았어요. 아모르 데이(Amor Dei), 신을 사랑하라고 했습니다. 너의 삶을 살지 말고 신의 삶을 살라고 했습니다. 너의 의지대로 행동하지 말고 신의 뜻대로 살라고 이야기했어요. 신이 우리를 짓눌렀던 거예요. 개인에게는 자아도 없고 정체성도 없어요. 2000년의 세월이 지나면서 우리가 그 문제점을 속속들이 깨닫게 되었습니다. 신이라는 것도 결국 인간이 삶을 위해서 만들어낸 허구에 불과하다는 사실을 인식하게 될 때, 우리는 비로소 우리의 운명을 사랑할 수 있게 된다는 거죠.

운명을 사랑하라고 할 때 우리가 조심해야 할 점이 있습니다. 운명론자가 되어서는 안 됩니다. 운명론에 빠지면 안 됩니다. 운명론은 모든 것이 변할 수 없는 운명으로 정해져 있다는 사실을 받아들이는 것이죠. 삶은 애초에 인간이 어찌할 수 없도록 정해져 있다고 보는 결정론적 태도가 운명론입니다.

니체는 운명론을 수용하지 않습니다. 오히려 반대합니다. 운명을 사랑하라는 말은 그 사람이 자신의 운명의 주인이 될 수 있다는 뜻이에요. 자신의 운명의 주인이 될 수 있는 것, 삶을 새롭게 해석함으로써 자신의 운명과 실존과 존재를 사랑한다는 것이 아모르 파티의 사상입니다. 운명론과는 정반대의 입장입니다. 노력한 만큼 이루어지지 않을 수도 있어요. 그럼에도 불구하고 삶의 실존의 중심을 잡고 의미를 부여하려고 노력하는 태도가 바로 아모르 파티입니다.

운명론과 아모르 파티를 대변하는 그리스 신화의 두 인물이 있습니다. 한 사람은 오이디푸스인데요. 오이디푸스가 태어나면 아버지를 죽이고 어머니와 결혼할 운명을 겪게 된다는 신탁을 받은 오이디푸스의 아버지 라이오스는 그를 버립니다. 오이디푸스는 다리가 묶인 채 버려져 다리가 퉁퉁 붓습니다. 그래서 오이디푸스라는 이름은 '부은 발'이라는 뜻입니다.

이웃 나라 코린토스에서 자란 오이디푸스는 어느 날 테베로 가던 중 길에서 라이오스 일행을 만납니다. 그런데 서로 누구인지도 모르고 먼저 가겠다고 싸움을 벌이다가 오이디푸스는 상대방을 다 죽여버립니다. 그중에는 아버지도 있었죠. 그리고 테베의 왕이 되어 왕비, 즉 어머니와 결혼해 자식까지 낳습니다. 이렇게 모든 것이 운명대로 결정되었어요.

오이디푸스는 나중에 이 사실을 알게 됩니다. 그는 자기 두 눈을 빼고 세상을 보지 않겠다고 해요. 상징적인 사건이죠. 비극적인 삶을 산 오이디푸스는 세상의 고통, 결정된 일들을 보지 않겠다는 상징적 행위를 합니다. 이렇게 오이디푸스는 운명론을 상징합니다. 오이디푸스의 이야기에 대해 니체가 묻습니다. '이런 운명적 삼위일체는 우리에게 무엇을 말해주는가?' 니체는 삶은 결정되지 않았다고 합니다. 삶이 의지에 따라서 변화될 수 있다는 것이 결정되었다고 말합니다.

니체는 오이디푸스의 전철을 밟지 말라고 합니다. 그 대신 프로메테우스를 따르라고 해요. 프로메테우스는 제우스에게서 불을 훔쳐다가 인간에게 준 신입니다. 인간에게 불을 줘서 인간의 문명을 발전시킨 신이 프로메테우스입니다. 제우스가 격노하잖아요. 감히 자신의 명령을 어기고 인간에게 도움을 줬으니까요. 그래서 제우스가 프로메테우스에게 형벌을 내립니다. 프로메테우스는 암벽에 묶인 채로 낮에는 제우스의 독수리에게 간을 쪼아 먹히고 밤에는 쪼아 먹힌 간이 자라나는 끊임없는 고통을 겪게 되죠.

프로메테우스는 무엇을 상징합니까? 끊임없이 이어지는 고통을 상징합니다. 끊임없이 이어지는 고통에도 불구하고 제우스를 속이는 예술가적 계략을 쓰고, 자기 삶에 의미를 부여하는 허구를 만들어내는 실존 방식을 취했던 사람이 프로메테우스예요. 그래서 니체는 프로메테우스가 영원한 고통의 대가로 획득한 자신의 지혜를 통해 올림포스 신들을 멸망시키고 인류의 행복과 번영을 가져왔다고 이야기합니다.

여기서 우리는 두 가지 태도를 볼 수 있습니다. 운명을 수동적으로 받아들이면 우리는 운명론에 빠지게 됩니다. 오이디푸스의 전철을 밟게 됩니다. 운명을 사랑하라는 말은 운명을 수동적으로 받아들이라는 뜻이 아닙니다. 운명을 그냥 주어진 대로 받아들이라는 뜻이 아닙니다. 오히려 능동적이고 적극적으로 운명을 수용하라는 말이에요. 니체는 프로메테우스처럼 살라고 합니다. 능동성이 중요하다고 말합니다. 이것이 니체가 아모르 파티를 통해서 우리에게 주는 교훈입니다.

니체는 고통을 당하면 그것을 너무 제거하려고 애쓰지 말라고 합니다. 인간의 실존은 사실 고통으로 가득 차 있어요. 그런데 프로메테우스의 이야기에서 볼 수 있는 것처럼 그 고통은 결과적으로 구원의 가능성이 됩니다. 그래서 니체는 삶을 구원하고자 원한다면 고통을 긍정할 줄 알아야 한다고 이야기하는 것이죠.

사람은 심각한 고통을 받으면 트라우마를 겪잖아요. 견뎌낼 수 없는 고통을 겪었을 때 그것을 의식에서 완전 지워버립니다. 트라우마를 치유하는 방법 중 하나는 환자로 하여금 그 고통을 있는 그대로 긍정할 줄 알도록 만드는 것입니다. 그렇게 하지 않으면 트라우마로부터 벗어날 수 없습니다. 똑같은 거죠. 우리가 삶을 긍정하고자 한다면, 우리의 삶이 필연적으로 수반할 수밖에 없는 고통을 긍정해야 합니다.

니체는 긍정에 관해 이렇게 말합니다. "'긍정'으로 향하는 나의 새로운 길, 끔찍하고도 의문스러운 측면의 자발적 탐구, 있는 그대로의 세계에 대한 디오니소스적 긍정, 세계의 절대적 회귀와 영원의 소망"[10] 실존은 좋은 면, 행복한 면, 긍정적인 면만을 가지고 있는 것이 아니에요. 하지만 이 실존을 있는 그대로 긍정하는 태도가 바로 디오니소스적인 긍정입니다. 우리가 살고 있는 이 세계가 끊임없이 회귀할지라도, 그 영원히 반복되는 과정 속에서 자기 삶의 의미를 부여하는 태도를 가지라는 겁니다.

우리는 살면서 고통을 당할 수밖에 없습니다. 또한 다른 사람에게 고통을 줄 수도 있어요. 혹시 다른 사람에게 전혀 해를 끼친 적이 없다고 생각하나요? 그런데 폭력을 행사하거나 거짓말을 하지 않더라도, 존재만으로도 다른 사람에게 해를 끼칠 수 있어요. 사람은 존재한다는 그 자체로 인해서 이미 다른 사람에게 이익이든 해든 간에 영향을 미치고 있는 거죠. 그러니까 고통과 죄를 인정하면 우리가 훨씬 편해집니다.

의문스럽고 알 수 없고 낯설고 이질적인 것에 대한 긍정. 낯선 것은 다르고 다른 것은 틀렸다고 하며 무조건 배척하는 것이 아니라, 낯선 것을 환영하고 포용할 수 있는 긍정. 이런 긍정을 갖출 때 우리는 비로소 운명을 사랑할 수 있게 됩니다. 니체는 "존재하는 것에서 빼버릴 것은 하나도 없으며, 없어도 되는 것은 없다."[11]라고 이야기합니다. 어떤 사람이 없어졌으면 좋겠다고 생각할 수도 있어요. 이 세상에서 고통이 없어져버리면 안 되느냐고 물을 수도 있어요. 그런데 이 세상에 있는 것들 중에서 빼버리거나 제거하거나 부정할 것은 아무것도 없다고 합니다. 있는 그대로 긍정하라는 이야기예요.

그래서 운명을 사랑하는 아모르 파티는 나의 삶을 살 만하다고 이야기할 줄 아는 것입니다. 내 외모가 괜찮다고 이야기할 줄 아는 거예요. 원하는 대로 행하는 것이 자유지 강요에 의해 행하는 것은 자유가 아니라고 볼지 모르겠습니다. 하지만 자기의 운명을 사랑하는 사람은 필연적인 것을 아름다운 것으로 볼 줄 아는 능력을 가진 사람입니다. 니체의 말을 들어볼까요. "나는 사물에 있어 필연적인 것을 아름다운 것으로 보는 법을 더 배우고자 한다. 그렇게 하여 사물을 아름답게 만드는 사람 중 하나가 될 것이다. 네 운명을 사랑하라. 이것이 지금부터 나의 사랑이 될 것이다."[12] 내가 어쩔 수 없이 해야 하지만 그것을 긍정적으로 생각하는 것. 이것이 자기 삶을 사랑하고 운명을 사랑할 줄 아는 사람의 태도입니다.

우리를 억압하고 우리에게 중압감을 부여하던 "늙은 신은 더 이상 살아 있지 않습니다."[13] 니체는 그가 '철저하게 죽었다'고 다시 한 번 확인합니다. 그렇지만 그것에 우리가 연연할 필요는 없습니다. 우리는 신이 죽은 시대에 살고 있습니다. 우리가 추구하는 가치는 가치가 아니라고 주장하는 사람들이 너무 많고, 이를 보여주는 사회적 현상들이 너무 빈번하게 일어나고 있습니다. 그렇지만 최고의 가치가 없어졌기에 스스로 삶의 주인이 되어 새로운 가치를 만들어낼 수 있는 지평이 열리고,

마침내 우리의 배가 다시 모든 위험을 향해 출항할 수 있게 된 것이다.
인식의 모든 모험이 다시 허락되었다. 우리의 바다가 다시 열렸다.
그러한 '열린 바다'는 일찍이 한 번도 존재한 적이 없었을 것이다.

《즐거운 학문》 중에서

새로운 가능성이 열렸습니다.

니체가 이야기합니다. "마침내 우리의 배가 다시 모든 위험을 향해 출항할 수 있게 된 것이다. 인식의 모든 모험이 다시 허락되었다. 우리의 바다가 다시 열렸다. 그러한 '열린 바다'는 일찍이 한 번도 존재한 적이 없었을 것이다."[14] 바다로 나가지 않고서는 우리가 새로운 지평을 볼 수 없는 거죠. 다시 새로운 모험이 허락되었습니다. 늙은 신이 죽었다는 소식에 더 이상 놀랄 필요가 없습니다. '신의 죽음'은 열린 바다를 의미합니다. 이제 어떤 것도 진리가 아닙니다. 모든 것이 허용됩니다.

니체는 삶을 있는 그대로 긍정하고 사랑하고 받아들인다면, 삶은 이 순간부터 새로운 바다로 열리게 될 것이라고 말합니다. "인간의 위대함에 대한 내 정식(定式)은 아모르 파티, 운명애다. 앞으로도, 뒤로도, 영원토록 다른 것은 갖기를 원하지 않는다는 것."[15] 자신의 삶 그 자체를 갖고자 원하는 것이 바로 아모르 파티, 운명애라고 이야기합니다. "필연적인 것을 단순히 감당하기만 하는 것이 아니고, 은폐는 더더욱 하지 않으며, 오히려 그것을 사랑하는 것."[16] 이것이 바로 허무주의 시대에, 신이 죽은 시대에 우리가 이 삶을 견뎌내고 살아갈 수 있는 방법입니다.

프리드리히 니체. 세상에서 가장 위험한 철학자, 가장 이해하기 어려운 철학자, 가장 선정적이고 극단적인 명제를 선포한 자, 신이 죽었다고 이야기한 자. 그의 삶과 사상을 찾아가는 여정이 이제 끝나가고 있습니다. 여러분의 마지막 발걸음이 무겁지 않기를 바랍니다. 또한 니체의 사상이 여러분의 삶을 춤추듯이 가볍게 만들고, 여러분이 삶의 예술가가 되어 새로운 삶을 시작하게 만드는 계기가 되었기를 진심으로 바랍니다. 아모르 파티!

주

* 인용문 출처는 다음과 같으며, 경우에 따라 지은이가 번역을 수정했다.

1강 전복의 철학자, 니체는 누구인가

1 프리드리히 니체, 《바그너의 경우·우상의 황혼·안티크리스트·이 사람을 보라·디오니소스 송가·니체 대 바그너》(니체 전집 15), 백승영 옮김, 책세상, 2002, 74쪽(《우상의 황혼》, 〈서문〉).

2 프리드리히 니체, 《즐거운 학문·메시나에서의 전원시·유고(1881년 봄~1882년 여름)》(니체 전집 12), 안성찬·홍사현 옮김, 책세상, 2005, 261쪽(《즐거운 학문》, 283).

3 Martin Heidegger, *Nietzsche. Erster Band*, Pfullingen: Neske, 1961, p. 9.

4 G. W. F. Hegel, *Grundlinien der Philosophie des Rechts*, *Werke* 7, Frankfurt am Main: Suhrkamp, 1970, p. 26.

5 프리드리히 니체, 《인간적인 너무나 인간적인 I》(니체 전집 7), 김미기 옮김, 책세상, 2001, 9쪽(《서문 1》).

6 같은 책, 같은 곳.

7 Karl Marx, *Thesen über Feuerbach*, MEW 3, p. 7.

8 Sigmund Freud, *Vorlesungen zur Einführung in die Psychoanalyse*, Gesammelte Werke XI, Frankfurt am Main: Fischer, 1944, p. 295.

9 프리드리히 니체, 《차라투스트라는 이렇게 말했다》(니체 전집 13), 정동호 옮김, 책세상, 2000, 189쪽(〈자기극복에 대하여〉).

10 프리드리히 니체, 《바그너의 경우·우상의 황혼·안티크리스트·이 사람을 보라·디오니소스 송가·니체 대 바그너》(니체 전집 15), 백승영 옮김, 책세상, 2002, 456쪽(《이 사람을 보라》, 〈왜 나는 하나의 운명인지〉).

2강 신의 죽음, 허무주의를 끌어안다

1 프리드리히 니체,《유고(1887년 가을~1888년 3월)》(니체 전집 20), 백승영 옮김, 책세상, 2000, 518쪽(11[411]).

2 장 보드리야르,《소비의 사회》, 이상률 옮김, 문예출판사, 1991, 125쪽.

3 G. W. F. Hegel, *Glauben und Wissen oder die Reflexionsphilosophie der Subjektivität in der Vollständigkeit ihrer Formen als Kantische, Jacobische und Fichtesche Philosophie*, in G. W. F. Hegel, Werke inzwanzig Bänden. Bd. 2, Jenaer Schriften 1801–1807, Frankfurt a. M. 1970, p. 432.

4 프리드리히 니체,《즐거운 학문·메시나에서의 전원시·유고(1881년 봄~1882년 여름)》 (니체 전집 12), 안성찬·홍사현 옮김, 책세상, 2005, 199/200쪽(《즐거운 학문》, 125).

5 같은 책, 200쪽(《즐거운 학문》, 125).

6 프리드리히 니체,《선악의 저편·도덕의 계보》(니체 전집 14), 김정현 옮김, 책세상, 2002, 525쪽(《도덕의 계보》, III 24).

7 프리드리히 니체,《유고(1885년 가을~1887년 가을)》(니체 전집 19), 이진우 옮김, 책세상, 2005, 265~266쪽(5[71]).

3강 권력에의 의지, 삶의 내면을 들여다보다

1 프리드리히 니체,《차라투스트라는 이렇게 말했다》(니체전집 13), 정동호 옮김, 책세상, 2000, 189쪽(〈자기극복에 대하여〉).

2 John Dalberg-Acton, "Letter to Bishop Mandell Creighton, April 5, 1887", in *Historical Essays and Studies*, edited by J. N. Figgis and R. V. Laurence, London: Macmillan, 1907. http://www.phrases.org.uk/meanings/absolute-power-corrupts-absolutely.html.

3 니콜로 마키아벨리,《군주론》, 강정인·김경희 옮김, 까치글방, 1995, 106쪽.

4 같은 책, 같은 곳.

5 프리드리히 니체,《차라투스트라는 이렇게 말했다》(니체 전집 13), 정동호 옮김, 책세

상, 2000, 191쪽(〈자기극복에 대하여〉).

6 프리드리히 니체, 《선악의 저편·도덕의 계보》(니체 전집 14), 김정현 옮김, 책세상, 2002, 367쪽(《도덕의 계보》, I 10).

7 G. W. F. Hegel, *Vorlesungen über die Philosophie der Geschichte*, Theorie-Werkausgabe in zwanzig Bänden, Frankfurt am Main: Suhrkamp, 1970, Bd. 12, p. 49.

8 프리드리히 니체, 《선악의 저편·도덕의 계보》(니체 전집 14), 김정현 옮김, 책세상, 2002, 378~379쪽(《도덕의 계보》, I 13).

9 프리드리히 니체, 《유고(1885년 가을~1887년 가을)》(니체 전집 19), 이진우 옮김, 책세상, 2005, 29쪽(1[59]).

10 프리드리히 니체, 《선악의 저편·도덕의 계보》(니체 전집 14), 김정현 옮김, 책세상, 2002, 541쪽(《도덕의 계보》, III 28).

4강 초인, 너 자신을 넘어서라

1 프리드리히 니체, 《차라투스트라는 이렇게 말했다》(니체 전집 13), 정동호 옮김, 책세상, 2000, 16쪽(〈차라투스트라의 머리말 3〉).

2 같은 책, 81쪽(〈시장터의 파리들에 대하여〉).

3 프리드리히 니체, 《바그너의 경우·우상의 황혼·안티크리스트·이 사람을 보라·디오니소스 송가·니체 대 바그너》(니체 전집 15), 백승영 옮김, 책세상, 2002, 377~378쪽(《이 사람을 보라》, 〈나는 왜 이렇게 좋은 책들을 쓰는지〉).

4 프리드리히 니체, 《차라투스트라는 이렇게 말했다》(니체 전집 13), 정동호 옮김, 책세상, 2000, 17쪽(〈차라투스트라의 머리말 3〉).

5 프리드리히 니체, 《즐거운 학문·메시나에서의 전원시·유고(1881년 봄~1882년 여름)》(니체 전집 12), 안성찬·홍사현 옮김, 책세상, 2005, 261쪽(《즐거운 학문》, 283).

6 프리드리히 니체, 《차라투스트라는 이렇게 말했다》(니체 전집 13), 정동호 옮김, 책세상, 2000, 19~20쪽(〈차라투스트라의 머리말 4〉).

7 같은 책, 20쪽(〈차라투스트라의 머리말 4〉).

8 같은 책, 22쪽(〈차라투스트라의 머리말 4〉).

5강 영원회귀, 삶을 긍정하라

1 같은 책, 137쪽(〈행복한 섬에서〉).

2 프리드리히 니체,《유고(1885년 가을~1887년 가을)》(니체 전집 19), 이진우 옮김, 책세상, 2005, 265~266쪽(5[71]).

3 프리드리히 니체,《즐거운 학문·메시나에서의 전원시·유고(1881년 봄~1882년 여름)》 (니체 전집 12), 안성찬·홍사현 옮김, 책세상, 2005, 490쪽(《유고(1881년 봄~1882년 여름)》, (11[143]).

4 같은 책, 314쪽(《즐거운 학문》, 341).

5 프리드리히 니체,《유고(1882년 7월~1883/84년 겨울)》(니체 전집 16), 박찬국 옮김, 책세상, 2001, 150쪽(4[24]).

6 프리드리히 니체,《즐거운 학문·메시나에서의 전원시·유고(1881년 봄~1882년 여름)》 (니체 전집 12), 안성찬·홍사현 옮김, 책세상, 2005, 487쪽(《유고(1881년 봄~1882년 여름)》, (11[141]).

7 같은 책, 493쪽(《유고(1881년 봄~1882년 여름)》, (11[148]).

8 프리드리히 니체,《차라투스트라는 이렇게 말했다》(니체 전집 13), 정동호 옮김, 책세상, 2000, 257쪽(〈환영과 수수께끼에 대하여〉).

9 Lou Andreas-Salomé, *Nietzsche in seinen Werken*, Frankfurt am Main: Insel, 2000, p. 261.

10 프리드리히 니체,《즐거운 학문·메시나에서의 전원시·유고(1881년 봄~1882년 여름)》 (니체 전집 12), 안성찬·홍사현 옮김, 책세상, 2005, 314~315쪽(《즐거운 학문》, 341).

11 프리드리히 니체,《유고(1882년 7월~1883/84년 겨울)》(니체 전집 16), 박찬국 옮김, 책세상, 2001, 279쪽(5[1]).

12 프리드리히 니체,《즐거운 학문·메시나에서의 전원시·유고(1881년 봄~1882년 여름)》 (니체 전집 12), 안성찬·홍사현 옮김, 책세상, 2005, 500~501쪽(《유고(1881년 봄~1882년 여름)》, (11[163]).

6강 세 가지 변신, 너 자신이 되어라

1 프리드리히 니체,《차라투스트라는 이렇게 말했다》(니체 전집 13), 정동호 옮김, 책세
　상, 2000, 38쪽(〈세 단계의 변화에 대하여〉).

2 같은 책, 261쪽(〈환영과 수수께끼에 대하여〉).

3 같은 책, 같은 곳.

4 같은 책, 38쪽(〈세 단계의 변화에 대하여〉).

5 프리드리히 니체,《인간적인 너무나 인간적인 Ⅰ》(니체 전집 7), 김미기 옮김, 책세상,
　2001, 13쪽(〈서문 3〉).

6 프리드리히 니체,《차라투스트라는 이렇게 말했다》(니체 전집 13), 정동호 옮김, 책세
　상, 2000, 40쪽(〈세 단계의 변화에 대하여〉).

7 프리드리히 니체,《인간적인 너무나 인간적인 Ⅰ》(니체 전집 7), 김미기 옮김, 책세상,
　2001, 15쪽(〈서문 4〉).

8 프리드리히 니체,《차라투스트라는 이렇게 말했다》(니체 전집 13), 정동호 옮김, 책세
　상, 2000, 41쪽(〈세 단계의 변화에 대하여〉).

9 같은 책, 같은 곳.

10 프리드리히 니체,《유고(1885년 가을~1887년 가을)》(니체 전집 19), 이진우 옮김, 책
　세상, 2005, 158쪽(2[130]).

7강 아모르 파티, 운명을 사랑하면 춤을 춘다

1 프리드리히 니체,《바그너의 경우·우상의 황혼·안티크리스트·이 사람을 보라·디오
　니소스 송가·니체 대 바그너》(니체 전집 15), 백승영 옮김, 책세상, 2002, 431쪽(《이 사
　람을 보라》,〈차라투스트라는 이렇게 말했다 6〉).

2 프리드리히 니체,《차라투스트라는 이렇게 말했다》(니체 전집 13), 정동호 옮김, 책세
　상, 2000, 63쪽(〈읽기와 쓰기에 대하여〉).

3 같은 책, 14쪽(〈차라투스트라의 머리말 2〉).

4 Isadora Duncun, *Art of the Dance*, New York: Theatre Arts Books, 1928, p. 107/123.

5 프리드리히 니체,《차라투스트라는 이렇게 말했다》(니체 전집 13), 정동호 옮김, 책세상, 2000, 313쪽(〈중력의 악령에 대하여〉).

6 같은 책, 51쪽(〈신체를 경멸하는 자들에 대하여〉).

7 같은 책, 359쪽(〈건강을 되찾고 있는 자〉).

8 같은 책, 376쪽(〈일곱 개의 봉인〉).

9 프리드리히 니체,《비극의 탄생·반시대적 고찰》(니체 전집 2), 이진우 옮김, 책세상, 2005, 46쪽(《비극의 탄생》, 4).

10 프리드리히 니체,《유고(1887년 가을~1888년 3월)》(니체 전집 20), 백승영 옮김, 책세상, 2000, 143쪽(10[3]).

11 프리드리히 니체,《바그너의 경우·우상의 황혼·안티크리스트·이 사람을 보라·디오니소스 송가·니체 대 바그너》(니체 전집 15), 백승영 옮김, 책세상, 2002, 392쪽(《이 사람을 보라》, 〈비극의 탄생〉).

12 프리드리히 니체,《즐거운 학문·메시나에서의 전원시·유고(1881년 봄~1882년 여름)》(니체 전집 12), 안성찬·홍사현 옮김, 책세상, 2005, 255쪽(《즐거운 학문》, 276).

13 프리드리히 니체,《차라투스트라는 이렇게 말했다》(니체 전집 13), 정동호 옮김, 책세상, 2000, 422쪽(〈실직〉).

14 프리드리히 니체,《즐거운 학문·메시나에서의 전원시·유고(1881년 봄~1882년 여름)》(니체 전집 12), 안성찬·홍사현 옮김, 책세상, 2005, 320쪽(《즐거운 학문》, 343).

15 프리드리히 니체,《바그너의 경우·우상의 황혼·안티크리스트·이 사람을 보라·디오니소스 송가·니체 대 바그너》(니체 전집 15), 백승영 옮김, 책세상, 2002, 373~374쪽(《이 사람을 보라》, 〈나는 왜 이렇게 영리한지〉).

16 같은 책, 374쪽(《이 사람을 보라》, 〈나는 왜 이렇게 영리한지〉).

그림 목록

* 니체의 경구와 함께 수록된 그림은 모두 에드바르 뭉크(Edvard Munch, 1863~1944)의 작품이다.

니체의 인생 강의

1판 1쇄 발행일 2015년 7월 13일
1판 11쇄 발행일 2024년 2월 13일

지은이 이진우

발행인 김학원
발행처 (주)휴머니스트출판그룹
출판등록 제313-2007-000007호(2007년 1월 5일)
주소 (03991) 서울시 마포구 동교로23길 76(연남동)
전화 02-335-4422 **팩스** 02-334-3427
저자·독자 서비스 humanist@humanistbooks.com
홈페이지 www.humanistbooks.com
유튜브 youtube.com/user/humanistma **포스트** post.naver.com/hmcv
페이스북 facebook.com/hmcv2001 **인스타그램** @humanist_insta

편집주간 황서현 **편집** 전두현 임미영 **디자인** 김태형 박인규
용지 화인페이퍼 **인쇄** 청아디앤피 **제본** 민성사

ⓒ 이진우, 2015

ISBN 978-89-5862-870-5 03100

- 이 책은 저작권법에 따라 보호받는 저작물이므로 무단 전재와 무단 복제를 금합니다.
- 이 책의 전부 또는 일부를 이용하려면 반드시 저자와 (주)휴머니스트출판그룹의 동의를 받아야 합니다.